13 MASSNAHMEN ZUM KLIMASCHUTZ

#WirKLIMAHANDELN!

Fachübergreifendes Magazin zum Klimahandeln

Theresia Crone
Wilfried Hoppe
Stefan Junker

Another world is possible!

„Der **Possibilist** sieht die **Möglichkeiten**, und es hängt von **jedem** von uns ab, ob sie **verwirklicht** werden."

Jakob von Uexküll
Stifter des Right Livelihood Awards, dem sogenannten Alternativen Nobelpreis

Zukunft PINK – Peter Fox feat. Inéz

Alle malen schwarz, ich seh' die Zukunft **pink**.
Wenn du mich fragst, wird alles gut, mein Kind.

Wouh, power to the People! Yeah, Frauen rulen die Welt!

Elon Musk, fick dein Marsprojekt.
Scheißkalt und arschweit weg.
Hab' Brandenburg entdeckt.

Alles wird **supergeil**, basta.
Frische Musik, frisches Wasser.
Alle sind cool mit den Nachbarn.

Ich mal' Smileys auf den Weg.
Denn ich mag, was ich seh'.
Der Himmel ist immer noch blau.

Meine Süßen, **Future is now!**

Weil wir die Zukunft sind, sehe ich die Zukunft pink.

#WirKLIMAHANDELN!

Das Autor*innenteam

Wilfried Hoppe
Professor für Geographiedidaktik CAU Kiel, Lehrkraft, Schulbuchautor

Theresia Crone
Jurastudentin in Frankreich und Deutschland, Klimaaktivistin, Kolumnistin

Stefan Junker
Lehrkraft Max-Planck-Schule Kiel, Studienleitung, Schulbuchautor

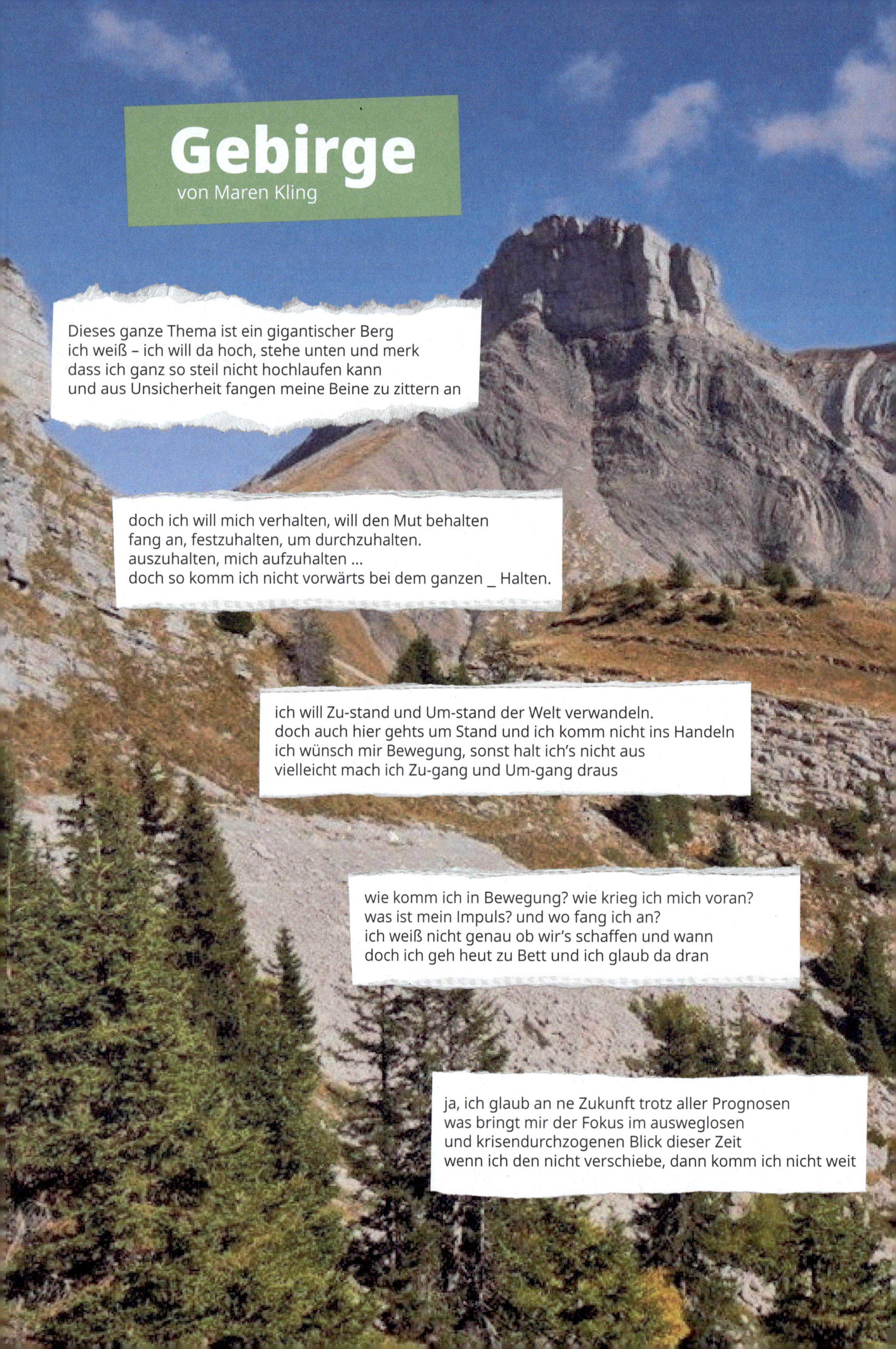

Gebirge

von Maren Kling

Dieses ganze Thema ist ein gigantischer Berg
ich weiß – ich will da hoch, stehe unten und merk
dass ich ganz so steil nicht hochlaufen kann
und aus Unsicherheit fangen meine Beine zu zittern an

doch ich will mich verhalten, will den Mut behalten
fang an, festzuhalten, um durchzuhalten.
auszuhalten, mich aufzuhalten ...
doch so komm ich nicht vorwärts bei dem ganzen _ Halten.

ich will Zu-stand und Um-stand der Welt verwandeln.
doch auch hier gehts um Stand und ich komm nicht ins Handeln
ich wünsch mir Bewegung, sonst halt ich's nicht aus
vielleicht mach ich Zu-gang und Um-gang draus

wie komm ich in Bewegung? wie krieg ich mich voran?
was ist mein Impuls? und wo fang ich an?
ich weiß nicht genau ob wir's schaffen und wann
doch ich geh heut zu Bett und ich glaub da dran

ja, ich glaub an ne Zukunft trotz aller Prognosen
was bringt mir der Fokus im ausweglosen
und krisendurchzogenen Blick dieser Zeit
wenn ich den nicht verschiebe, dann komm ich nicht weit

ich weiß es macht Angst und das Thema ist groß
doch da gibt es Leute, die legen trotzdem los.
die finden Wege da hoch, gehen Schritt für Schritt
und ich will sehen was sie sehn und will da gern mit.

und dann mach ich mich weiter auf die Reise
und ich seh wir werden mehr und wir ziehen Kreise
besteigen den Gipfel Stück für Stück,
wir schauen nach vorn und mitunter zurück

ich glaub, dass Mut und Vertrauen in uns überwiegen
und sogar, dass es sich lohnt, heut noch Kinder zu kriegen
denn wenn ich nicht an eine Zukunft für Kinder glaub
dann mach ich mich mundlos und irgendwie taub
ich mag diese Welt. ich find sie so schön
und möchte dass meine Kinder das sehen
manchmal werde ich müde und schaue mich um
und dann seh ich ne Aussicht und weiß warum

wenn wir wirklich glaubten es sei alles vorbei
dann wäre die Zukunft ja einerlei
dann müssten wir nicht auf den Straßen stehn
und könnten gleich zur Endzeit-Party geh'n

dann komm ich bestimmt nicht da oben an
also glaube ich weiter, weil ich es kann
und wenn ich nur glaub an die Möglichkeit
dann ist plötzlich der Weg auch nicht ganz so weit.

Maren Kling ist Sängerin, Sprecherin und Schauspielerin aus Berlin. Unter anderem ist sie als Schauspielcoach tätig, leitet einen Berliner Chor und ist Ensemble-Mitglied der Klima-Show „vollehalle".
Nachhaltiger Wandel und Transformation sind die Themen, die sie auch musikalisch erforscht. So brachte sie 2021 mit der Transformationsforscherin Maja Göpel einen musikalischen Dialog auf die Bühne.

re:publica 2022: vollehalle – auf der Suche nach dem Morgen (1:09:52)
darin: Vortrag des Gedichts „Gebirge" durch Maren Kling (1:05:00–1:07:30)

Inhaltsverzeichnis

1 Viele Gesichter des Klimahandelns

Was haben Billie Eilish, Peter Fox und Luisa Neubauer gemeinsam? Sie sind Gesichter des Klimahandelns. Viel Wissenswertes und Inspirationen zu SDG 13 warten hier – dazu ganz viel Hoffnung!

2 Die sechs Schritte des Klimahandelns

Viele Infos und vor allem Tipps zu den sechs Schritten gibt es hier – mit Startfragen und beschreibbaren PDF-Dateien.

3 #WirKLIMAHANDELN!

Auf geht's! Für jedes Unterziel von SDG 13 sind jeweils zu allen sechs Schritten viele Ideen und Anregungen zu entdecken. Dazu machen je zwei Gesichter des Klimahandelns durch ihre Geschichte neugierig.

Kapitel 1: Viele Gesichter des Klimahandelns

Liebe Leser*innen,

die Klimakrise ist wahrscheinlich die größte Herausforderung für uns Menschen und gleichzeitig blenden wir sie so oft aus. Eigentlich verrückt, oder?

Mit diesem Magazin #WirKLIMAHANDELN! möchten wir euch die Möglichkeit geben, mehr darüber zu erfahren – vor allem darüber, was viele Menschen bereits gegen die Klimakrise machen – ganz im Sinne von SDG 13. Lasst euch gerne inspirieren und motivieren!

Wir haben dieses Magazin mit dem Wunsch geschrieben, dass ihr Mut und Hoffnung gewinnt, um euch für Klimagerechtigkeit einzusetzen. Wir haben ein Recht auf eine lebenswerte Zukunft. Setzt euch im Alltag für eure Rechte ein. Besonders gut klappt dies zusammen mit anderen, damit das „Wir" möglichst wirksam wird.

Die Herausforderung ist groß, doch die gute Nachricht ist: Jedes Handeln wirkt! Habt daher Mut, seid neugierig und legt los! Wann, wenn nicht jetzt?

#WirKLIMAHANDELN!

Theresia, Stefan & Wilfried

Warming Stripes / Klimastreifen

Die Klimastreifen des britischen Klimaforschers Ed Hawkins zeigen die Temperaturentwicklung auf der Erde von 1850 bis 2022. Jeder Streifen steht für ein Jahr, links beginnend mit 1850. Die Farbe steht für die Jahresdurchschnittstemperatur: Rote Jahre sind wärmer als der Durchschnitt der Jahre 1971–2000, blaue Streifen kälter. Je dunkler das Blau, desto kälter war es. Je dunkler das Rot, desto wärmer war es.

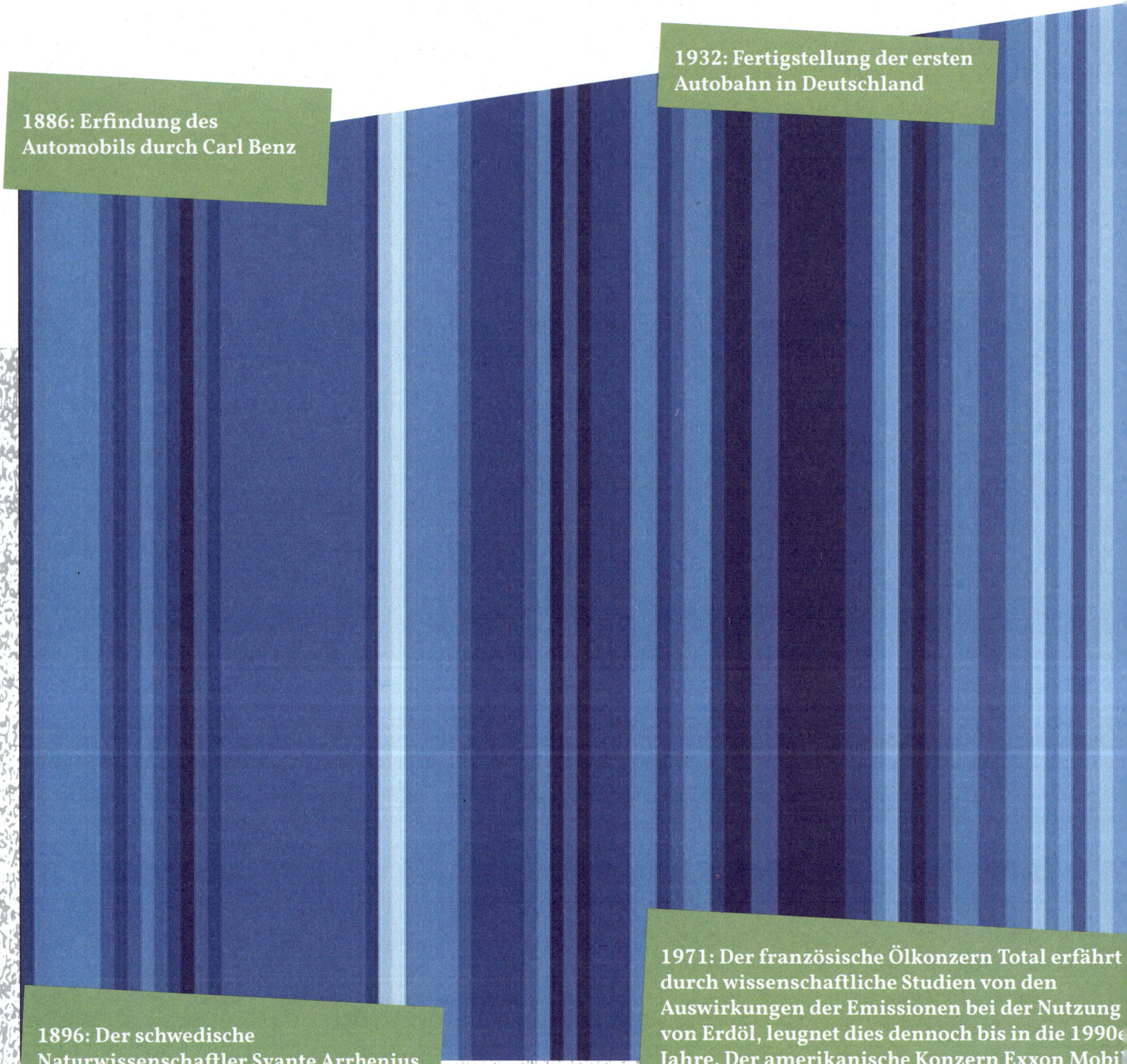

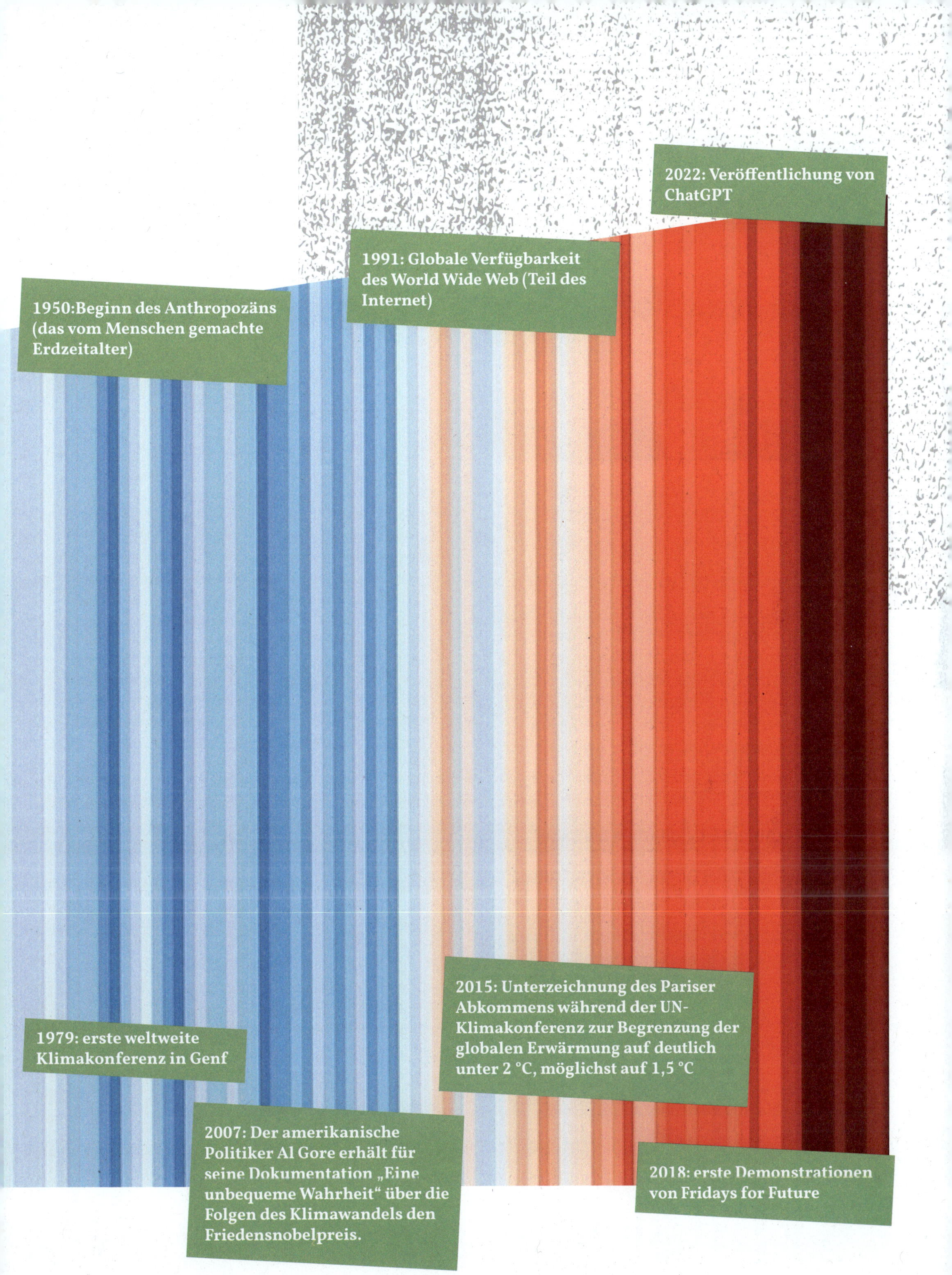
2022: Veröffentlichung von ChatGPT
1991: Globale Verfügbarkeit des World Wide Web (Teil des Internet)
1950:Beginn des Anthropozäns (das vom Menschen gemachte Erdzeitalter)
2015: Unterzeichnung des Pariser Abkommens während der UN-Klimakonferenz zur Begrenzung der globalen Erwärmung auf deutlich unter 2 °C, möglichst auf 1,5 °C
1979: erste weltweite Klimakonferenz in Genf
2007: Der amerikanische Politiker Al Gore erhält für seine Dokumentation „Eine unbequeme Wahrheit“ über die Folgen des Klimawandels den Friedensnobelpreis.
2018: erste Demonstrationen von Fridays for Future

Warum ist unser Klimahandeln so wichtig?

Dr. Tobias Bayr
GEOMAR Helmholtz-Zentrum, Kiel

Generator für Warming Stripes aller Länder und Regionen weltweit

Leben in einer 3 °C-Welt

**Wie schlimm ist eigentlich die Lage? Und was macht uns Hoffnung?
Diese beiden Fragen sind wichtig, um zu verstehen, warum Kimahandeln so wichtig ist. Um Antworten darauf zu bekommen, sprechen wir mit Dr. Tobias Bayr vom GEOMAR Helmholtz-Zentrum in Kiel. Er ist Klimaforscher und Mitglied der Scientists for Future. Außerdem stellt er auf seiner Homepage *klimafrosch.de* viele interessante Informationen und Anregungen zur Klimakrise vor.**

Tobias, wie schlimm ist eigentlich die Lage?

Der Arzt und Entertainer Dr. Eckart von Hirschhausen sagte einmal: „Wäre unsere Erde ein Patient, müsste sie wegen drohendem Multiorganversagen auf die Intensivstation." In Hinblick auf das Klima passt zu diesem Vergleich die Aussage, dass die Erde Fieber hat. Seit Beginn der Industrialisierung sind wir laut dem UN-Weltklimarat bei einer Erwärmung von 1,1 °C angekommen. Dieses Fieber darf nicht mehr viel weiter steigen, nach Möglichkeit nicht über 1,5 °C.

Denn bei 1,5 °C können wir mit den Folgen – Meeresspiegelanstieg, Abschmelzen der Eiskappen, Extremwetterereignisse – voraussichtlich noch ganz gut umgehen, bei 2 °C wird das wahrscheinlich nicht mehr der Fall sein. Denn je mehr wir die Erde erwärmen, desto schwerwiegender werden die Folgen der Klimaerwärmung für uns Menschen. Eine Veranschaulichung dazu: Es macht einen großen Unterschied, ob man mit 50 km/h gegen eine Wand fährt oder mit 100 km/h. Und ähnlich ist es bei einer Erwärmung von 1,5 °C oder 2 °C. Aufgrund des technischen Fortschritts können wir bei 50 km/h gewährleisten, dass den Insassen relativ wenig passieren wird, aber bei 100 km/h kommen wir an die Grenzen des physikalisch-technisch Möglichen. Ähnlich verhält es sich mit der Klimakrise. Übrigens schätzt der UN-Weltklimarat IPCC auf Grundlage der bisherigen Politik, dass die globale Erwärmung im Jahr 2100 etwa 3,2 °C betragen wird. Das Fenster zum Handeln ist also noch offen, aber es schließt sich bereits und ist nur über eine lange Leiter zu erreichen, bei der einige Stufen bereits fehlen oder kaputt sind. Dieses Bild haben die Vereinten Nationen bei ihrem Klimabericht 2021 benutzt. Wir müssen uns also anstrengen und jetzt klimahandeln.

Das zeigen auch sehr eindrucksvoll die Klimastreifen des Briten Ed Hawkins. Die wärmsten Jahre seit Beginn der Wetteraufzeichnung liegen dabei alle in den letzten Jahren.

Warming Stripes – die Klimastreifen des britischen Klimaforschers Ed Hawkins für Deutschland 1881–2021

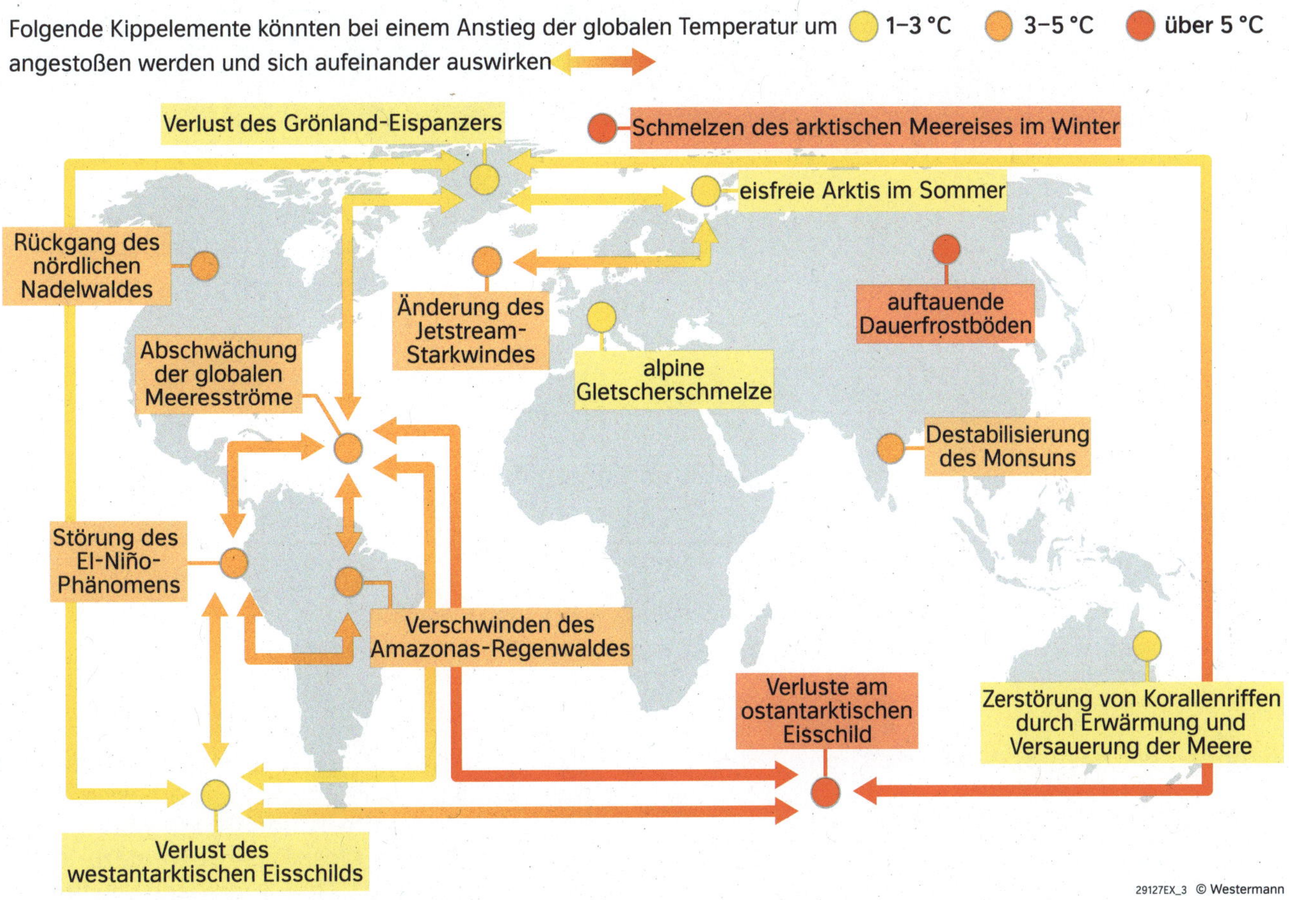

Weltkarte: Kippelemente und ihre gegenseitigen Abhängigkeiten

Welche Rollen spielen die sogenannten Kippelemente?

Kippelemente sind Bestandteile des Klimasystems, die bei einer bestimmten Erwärmung ihren Zustand unumkehrbar verändern werden – ähnlich wie ein Dominostein, der umkippt oder ein Boot, das kentert. Schaffen wir es, die Erwärmung auf unter 1,5 °C zu begrenzen, können wir noch relativ sicher sein, dass die meisten Kippelemente stabil bleiben. Wenn die Erwärmung deutlich über die 1,5 °C steigt, wächst die Wahrscheinlichkeit sehr stark an, dass einige Kippelemente instabil werden.

Bei welchen Kippelementen siehst du die größten Gefahren?

Beim Grönländischen Eisschild und beim Westantarktischen Eisschild sagen neueste Studien, dass sie instabil werden, wenn die Erderwärmung 1,5 °C überschreitet – vielleicht auch schon früher, wenn wir Glück haben vielleicht auch erst bei einer größeren Erderwärmung. Die aktuelle Studienlage ist immer noch mit Unsicherheiten behaftet. Beide wären für den Meeresspiegel sehr entscheidend. Das komplette Abschmelzen des Grönländischen Eisschildes würde einen globalen Meeresspiegelanstieg von etwa sieben Metern zur Folge haben, bei der Westantarktis wären es ungefähr drei Meter. Hinzu kommt, dass die meisten Kippelemente mit anderen Kippelementen zusammenhängen.

Und was macht uns Hoffnung?

Die Hoffnung stirbt zuletzt. Es ist super, was 2019 alles durch Fridays for Future angeschoben wurde. Und auch wenn die Pandemie die Bewegung doch ein wenig ausgebremst hat, bekomme ich mit, wie es weitergeht. Unternehmen, Institutionen und Privatpersonen haben realisiert: Wir müssen etwas tun! 2021 gab es einen Bürgerrat Klima, der unter anderem auch von Scientists for Future mit angestoßen wurde. Einen ähnlichen Prozess gab es in Frankreich. 160 zufällig ausgewählte Bürger*innen diskutierten intensiv, wie ein gerechter und sinnvoller Weg zum Klimaschutz aussehen könnte. Formuliert wurde dieser mithilfe von zehn Leitsätzen für eine gerechte Klimawende hin zu einer zukunftsfähigen Gesellschaft und Wirtschaft, jeweils mit genauen Handlungsanweisungen. Der erste Leitsatz lautet übrigens: Das 1,5 °C-Ziel hat oberste Priorität.

> **„Wir sind die letzte Generation, die was ändern kann."**
> UN-Generalsekretär António Guterres

Hamburg Mönkebergstraße: Seit dem globalen Klimastreik im März 2021 ist dieser Schriftzug dort zu sehen

Wie können wir das 1,5 °C-Ziel erreichen?

Wenn wir es auf Deutschland herunterbrechen: Es gibt soziale Kipppunkte, die Hoffnung machen. So steigt beispielsweise das Bewusstsein in der Bevölkerung, dass das bisherige Verhalten ethisch nicht mehr in Ordnung ist. Zudem hat Fridays for Future eine ganz große Wertediskussion in unserer Gesellschaft angestoßen, wie wir leben wollen, damit unsere zukünftigen Generationen auch gut leben können. Das kann man sich wie einen Eisberg vorstellen. Unterhalb der Wasseroberfläche verändert sich gerade viel.

Wie willst du klimahandeln?
Lass dich gern inspirieren vom Handabdruck! Finde damit deinen Hebel zum Handeln!
– eine Initiative von GermanWatch

Wie können wir aus deiner Sicht lohnend klimahandeln?

Ein grundlegendes Problem ist, dass man als Einzelperson das Gefühl hat, wenig bewirken zu können. Gleichzeitig unterschätzen wir unsere Wirksamkeit durch eine zu lineare Sichtweise. Was bewirke ich schon, wenn ich meinen CO_2-Fußabdruck reduziere? Ich bin doch nur einer von etwa acht Milliarden Menschen auf diesem Planeten. Ich denke aber, dass unsere Gesellschaft hochgradig nicht linear ist. Wenn ich etwas ändere, kann ich andere Menschen dazu inspirieren, auch etwas zu verändern. Dadurch kann es zu Schneeballeffekten kommen, wie beispielsweise Greta Thunberg einen ausgelöst hat. Von daher ist es wichtig, sich bewusst zu machen: Ich kann etwas verändern! Und wenn ich das möglichst genussvoll und mit Zukunftslust mache, umso besser. Letztlich müssen wir darauf vertrauen, dass wenn jede und jeder ein kleines Mosaiksteinchen dazu beiträgt, sich etwas verändert. Und wenn dann so ein sozialer Kipppunkt überschritten ist, dann ist plötzlich ganz viel möglich, was man sich vorher gar nicht vorstellen konnte. Ein Kipppunkt aus unserer Geschichte ist beispielsweise der Fall der Berliner Mauer, wo sich in den 1980er-Jahren auch kaum jemand ein vereintes Deutschland vorstellen konnte. Auch da war es eine Bottom-Up-Bewegung.

Um das 1,5 °C-Ziel zu erreichen, muss eine deutlich ehrgeizigere Klimaschutzpolitik erfolgen, die alle Bereiche unserer Gesellschaft erfasst. Wir alle sind gefordert: Zu Hause haben wir die Möglichkeit, etwas zu verändern. Aber auch in der Schule und in unserer Umgebung können wir uns engagieren. Auch auf Bundesebene – siehe Bürgerrat Klima – oder globaler Ebene ist eine größere Zusammenarbeit wichtig. Denn nur gemeinsam können wir das 1,5 °C-Ziel erreichen.

Jedes noch so kleine Klimahandeln kann Großes anstoßen

Podcast-Empfehlungen

NABU: Die 77 besten Klimaschutz-Tipps

Instagram-Empfehlungen

Ebenen des Klimahandelns nach Bayr

Empfehlungen an die Politik mit zehn Leitsätzen:

1. Das 1,5-Grad-Ziel hat oberste Priorität.
2. Der Klimaschutz dient dem Allgemeinwohl und hat Priorität vor Einzelinteressen.
3. Für jedes Handeln, das Auswirkungen auf das Klima hat, muss Aufklärung und Transparenz gegeben sein.
4. Für die Klimawende müssen alle Verantwortung übernehmen und zu Veränderung bereit sein.
5. Klimaschutz muss Bestandteil aller Bildungsangebote sein.
6. Die Klimawende muss generationengerecht sein.
7. Die Klimawende muss sozial gerecht sein.
8. Die Klimawende muss global gerecht sein.
9. Die Zukunft der Wirtschaft muss klimaneutral sein.
10. Klimarelevantes Handeln muss direkte Auswirkungen auf den Handelnden haben.

Ergebnisse des Bürgerrates Klima

13 MASSNAHMEN ZUM KLIMASCHUTZ

Umgehende Maßnahmen zur Bekämpfung des Klimawandels und seiner Auswirkungen ergreifen

Es war der 12. Dezember 2015 in Paris, der Schlusstag der 21. UN-Weltklimakonferenz. Hier beschlossen alle 196 Mitgliedsstaaten völkerrechtlich bindend, die Begrenzung der globalen Erderhitzung bis zum Jahr 2100 auf deutlich unter 2 °C – am besten auf 1,5 °C – im Vergleich zur vorindustriellen Zeit. Dies geschah etwa zwei Monate nach der Geburtsstunde der 17 Sustainable Development Goals der Vereinten Nationen, kurz SDGs.

Das Umsetzen dieses sogenannten Paris Agreement ist zentral für das Erreichen von SDG 13 – Maßnahmen zum Klimaschutz. Wie wichtig ein schnelles Klimahandeln ist, wird in der ausführlichen Beschreibung des SDGs (s. o.) an dem Wort „umgehend" deutlich. Wie alle SDGs ist auch SDG 13 in Unterziele gegliedert – in diesem Fall sind es fünf (s. S. 17). Gleichzeitig hängen die SDGs miteinander zusammen. Daher lohnt es sich, sie auch zusammenhängend zu betrachten, um sie alle zusammen zu erreichen.

Ganz knapp, in nur 20 Worten, hat das Deutsche Klima-Konsortium, ein Zusammenschluss von Klima-Forschungseinrichtungen, die fünf Kerninformationen formuliert (s. Abb.) – und zwar für alle Possibilistinnen und Possibilisten.

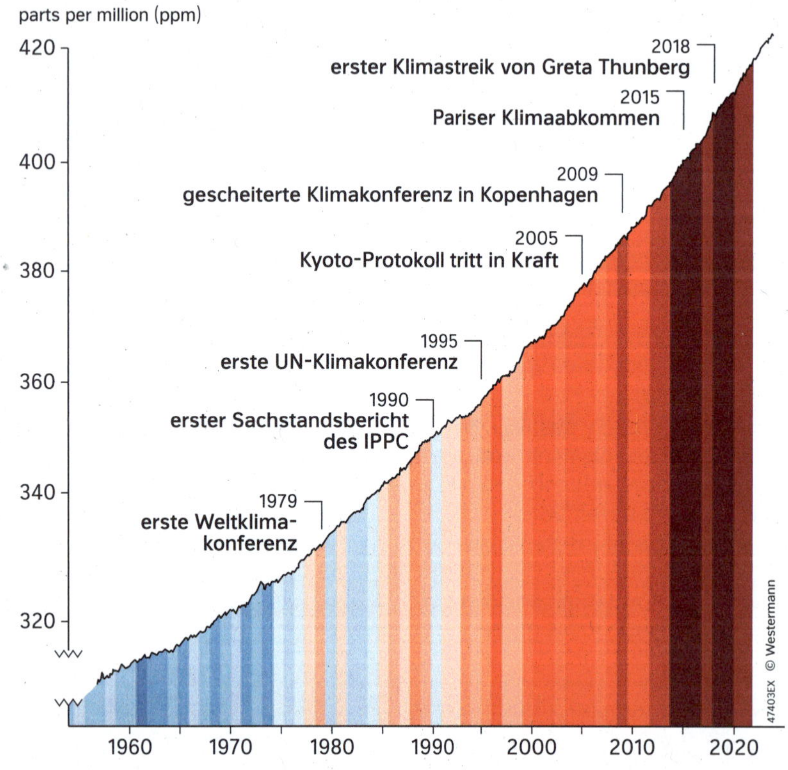

CO_2-Gehalt in der Atmosphäre und die globale Durchschnittstemperatur
Quelle: Desdemona Despair: Graph of the day, 12.01.2022

5 Kerninfos zum Klimawandel in nur 20 Worten:

1. Er ist real.
2. Wir sind die Ursache.
3. Er ist gefährlich.
4. Die Fachleute sind sich einig.
5. Wir können noch etwas tun.

13.1 Klimaanpassung

Marjan de Blok

Die schwimmende Siedlung Schoonschip möchte als Prototyp für die mehr als 600 Millionen Menschen – 10 Prozent der Weltbevölkerung – dienen, die auf oder in der Nähe von Wasser leben und bereits vom Klimawandel betroffen sind.

Neema Namadamu

Diese Initiative des Bäumepflanzens ist auch ein wirkungsvolles Mittel, um ein neues Bewusstsein für unseren Lebensraum und unsere Verantwortung zu wecken.

13.2 Klimaschutzmaßnahmen in Strategien und Planungen

Anne Hidalgo

Alle Facetten unserer Existenz, alle menschlichen Aktivitäten müssen im Licht des Klimanotstands neu überdacht werden.

Harald Lesch

Draußen brennt die Welt, da muss endlich gehandelt werden!

13.3 Informationshandeln

Leonardo DiCaprio

Der Klimawandel ist real. Er passiert genau jetzt. Er ist die unmittelbarste Bedrohung für unsere gesamte Spezies. Wir müssen alle zusammenarbeiten und aufhören, die Dinge aufzuschieben.

Fabian Grischkat

Besonders der Klimaaktivismus muss auf fundierten Informationen basieren, denn Halbwissen ist der größte Feind politischer Protestbewegungen.

13.4 Erfüllung der Klimaverträge

Baro Vincenta Ra Gabbert

Das Bundesverfassungsgericht, das höchste deutsche Gericht, hat entschieden, dass Klimaschutz zu unserer Verfassung gehört. Und es hat die Bundesregierung zu besseren Klimagesetzen verpflichtet.

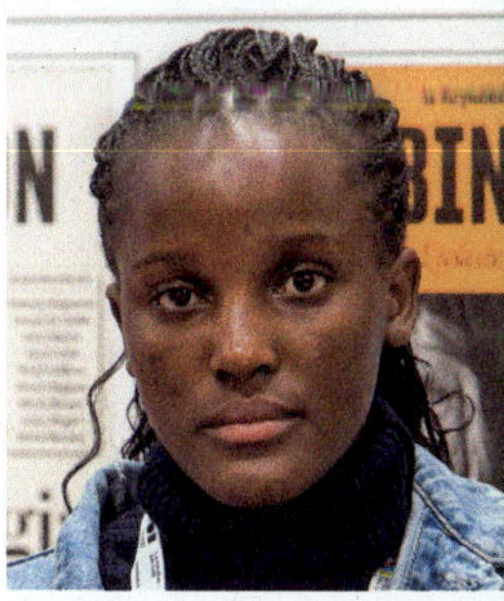

Vanessa Nakate

Die gefährdeten Bevölkerungsgruppen haben am wenigsten zur Klimakrise beigetragen, leiden aber bereits unter deren schlimmsten Auswirkungen.

13.5 Klimagerechtigkeit

António Guterres

Die USA, China, Indien und die europäischen Staaten müssen das Maximum machen, ohne darauf zu warten, was die anderen tun.

Peter Fox

Erst mal ist klar, dass die Industrieländer des Westens, die für den Großteil der Emissionen der letzten 100 Jahre verantwortlich sind, einen größeren Beitrag leisten müssen als Entwicklungs- oder Schwellenländer.

Zusammenhänge mit anderen SDGs

„Für mich ist ganz klar SDG 13 ‚Climate Action / Maßnahmen zum Klimaschutz' den anderen SDGs übergeordnet. Denn wenn wir die Klimakrise nicht in den Griff bekommen, können wir die anderen Ziele auch vergessen."

Boris Herrmann, Segler

Die SDGs sind stark miteinander vernetzt. Es bestehen vielfältige Zusammenhänge zwischen diesen 17 Zielen. Für das Erreichen eines Ziels ist die Betrachtung dieser Zusammenhänge sehr lohnend. Das Statistische Amt der Europäischen Union Eurostat hat diese Zusammenhänge visualisiert und die herausragende Bedeutung von SDG 13 sichtbar gemacht.

Video: We are the People for the Global Goals

Maja Göpel

Wir können die Effekte unseres Handelns besser einschätzen, wenn wir versuchen, möglichst viele Zusammenhänge zu verstehen, heute und auch wie sie sich über die Zeit entwickeln.

Billie Eilish

Indem wir den Fleischkonsum durch pflanzliche Lebensmittel ersetzen, können wir gemeinsam der Erde eine Chance geben.

Klimahandeln hat nicht nur das Ziel der Reduzierung von Treibhausgasen. Es geht um viel mehr: Klimagerechtigkeit, weniger Ungleichheiten, Geschlechtergleichheit, Artenschutz, Vermeidung von Armut und Hunger und vieles mehr. Zusammengefasst geht es um ein nachhaltiges und zukunftsfähiges Handeln von uns als Menschheit innerhalb von planetaren und gesellschaftlichen Grenzen.

Für ein solches neues Handeln ist auch eine neue Form des Denkens und der Zusammenarbeit notwendig – weg vom Silodenken (Themen werden unabhängig voneinander betrachtet, Zusammenhänge nicht berücksichtigt) hin zum gemeinschaftlichen Denken. Viel zu oft denken wir, dass es eine Expertin bzw. einen Experten gibt und diese Person weiß alles. So wurden beispielsweise in der Pandemie Virolog*innen zu allen Bereichen des Lebens wie Schule, Freizeitverhalten oder Tourismus gefragt. Um Zusammenhänge möglichst gut verstehen zu können, ist es aber notwendig, sich mit möglichst vielen Menschen zusammenzuschließen, die über die entsprechenden Kenntnisse und Erfahrungen verfügen. So kommen wir vom IQ (ich) zum WeQ (wir). Das „I“ steht hier für das englische „Ich“. „IQ“ steht somit für das alleinige Lösen von Problemen und Herausforderungen. Diese sind aber mittlerweile so groß geworden, dass wir sie nur noch gemeinsam bewältigen können – also mit einem WeQ. Dieses Wortspiel stammt aus dem Design Thinking und ist mittlerweile sehr populär.

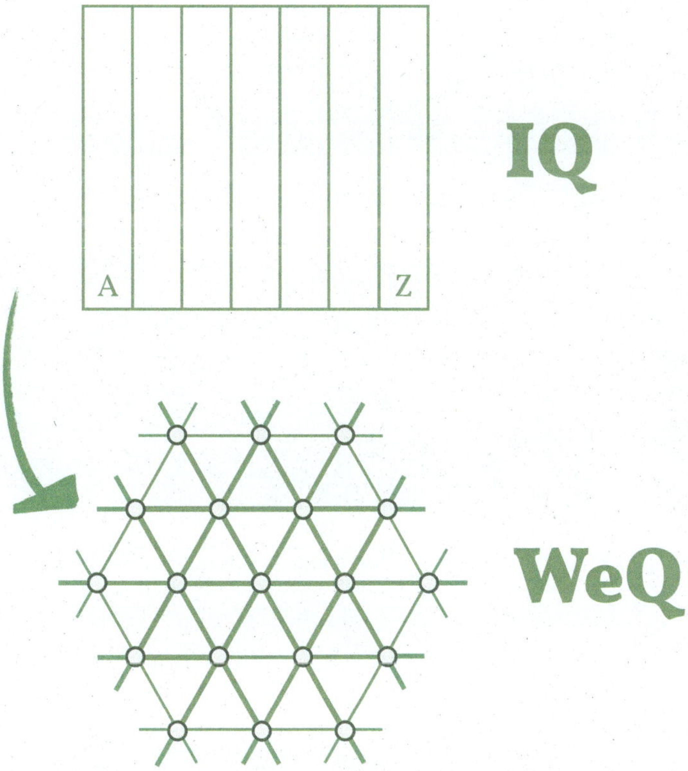

Vom Silodenken zum gemeinschaftlichen Denken – vom IQ zum WeQ!

Interview mit Luisa Neubauer

Luisa Neubauer ist Deutschlands bekannteste Klimagerechtigkeitsaktivistin und für viele ein Vorbild in Bezug auf das Klimahandeln.

Sie hat bereits mehrere Bücher veröffentlicht, zuletzt mit ihrer Großmutter „Gegen die Ohnmacht“. Zudem moderiert sie den Podcast „1,5 Grad“.

Luisa, dieses Buch trägt den Titel „#WirKLIMA-HANDELN!". Wie würdest du diese Aufforderung mit Ausrufezeichen kommentieren?

Der Titel ist super und vor allem ist das Buch super wichtig. Ich werbe sehr dafür, dass wir Handeln kollektiv verstehen. Auf jeder Podiumsdiskussion, auf der ich war – und das waren viele –, referiere ich ja über die Klimakrise und Fridays for Future. Und am Ende des Tages ist die Abschlussfrage in die Runde: Und, was kann jeder Einzelne so machen? Man zielt oft darauf ab, dass wir jetzt, wo wir das alles wissen, im Supermarkt die Welt retten, aber auch nur dort die Welt retten und auf dem Fahrrad in die Zukunft radeln.

Die ganze Zeit sprechen wir von globalen Herausforderungen. Aber wenn es dazu kommt, was wir daraus machen, wird das so reduziert auf mich als Einzelperson, die jetzt nicht in einem Kollektiv wirken kann. Was bei diesem Handeln so interessant ist, ist die Frage: Wie schaffen wir es Handeln zu verbinden, Menschen zu vernetzen, dass unsere Handlungen größer werden – mit uns – und dass irgendwann unsere Taten eine Wucht haben, die mithalten kann mit der Wucht der Realität, mit der Wucht der Weltbewegung. Wir haben dann geschrieben: Organisiert euch! Wir glauben wirklich, dass es das organisierte Handeln ist, worauf es ankommt.

Du bist bekannt als Klimagerechtigkeitsaktivistin. Für welche Themen hast du als Schülerin gebrannt?

Normalerweise ist man in der Schule mit den Themen beschäftigt, die nah an einem dran sind. Wo kommt das Schulessen her? Wie sieht der Schulgarten aus? Was passiert mit dem Müll? Wie digitalisiert sind wir? Ich hatte da großes Glück. Ich war in der Oberstufe im Geographie-Profil und da haben wir uns mit den großen Fragen beschäftigt. Ich hatte also ganz schnell eine Irritation, eine Entrüstung und eine Faszination für globale Fragen entwickelt. Wir hatten eine Partnerschule in Namibia. Es ging also auch ganz viel um globale Entwicklung. Wir waren auch vor Ort und haben uns dort ganz viel mit den jungen Menschen aus unserer Partnerschule beschäftigt – mit deren Umfeld, deren Alltag, deren Leben und deren Zukunftsperspektiven.

Welche große Frage ist bei dir besonders hängen geblieben?

Die Frage nach Klima und Gesundheit. Wir waren in der Oberstufe bei unserer Partnerschule in Namibia zu Besuch und haben uns mit dem Umfeld, dem Alltag, dem Leben und der Zukunftsperspektive beschäftigt. Dort ist der Uranabbau sehr bedeutend. Die Wohlhabenderen von den jungen Menschen erzählten uns, dass der Preis für ihren Wohlstand das frühe Sterben ihrer Väter sei, da diese im Uranabbau arbeiten. Das hat mich schockiert und war mir nicht bewusst. Es machte klar, dass wir Leben und Gesundheit zusammen verstehen müssen.

Was hat dich angetrieben zu handeln?

2013/14 habe ich bei „Jugend debattiert" mitgemacht. Es ging um die Frage, ob Plastiktüten verboten werden können. Das war damals eigentlich undenkbar. Dann habe ich Zahlen herausgesucht und mich gefragt: Warum beenden wir das nicht mit den Plastiktüten? Das hat mich sehr nachdenklich gemacht über die politischen Instanzen. Und es war total wichtig zu verstehen, dass Politik nicht immer ist, das Richtige und Wichtige zur richtigen und wichtigen Zeit auch umzusetzen.

Wann hast du dich zum ersten Mal richtig für eine Sache engagiert?

Beim Handeln würde ich zwei Dimensionen der Selbstwirksamkeitserfahrungen unterscheiden: Das eine ist, wenn man sich im Klassen- oder Jahrgangsverband engagiert. Für unsere Namibiafahrt hatten wir Spenden gesammelt, zum Beispiel haben wir in einem Altersheim gesungen. Nach dem Auftritt fragte meine Mutter mich, wie es dazu kam. Ich erzählte ihr, dass ich die Idee hatte und mich dafür eingesetzt hatte, dass wir es auch machen. Da ist mir aufgefallen: Wenn ich diese Initiative nicht ergriffen hätte, dann wäre das so nicht passiert.
Ich glaube, dass diese Erfahrung, dass man selbst einen Unterschied macht, dass die eigenen Ideen und das eigene Handeln tatsächlich einen Unterschied machen, so bedeutsam ist. Viele Menschen stellen sich das so global vor, aber das kann viel öfter im Kleinen sein.

Das andere ist eine noch viel größere Dimension. Mein erstes großes Engagement war in meiner Kirchengemeinde. Als Jugendleiterin habe ich die Konfirmationsausbildung mitgemacht. Es war sehr interessant, so einen Multiplikatoreneffekt zu erleben. Es war nicht nur eine Aktion, sondern man ist für ganz viele Menschen verantwortlich.
Erst im Studium habe ich Handeln in einer politischen Tragweite erlebt. In meiner Studentenstadt Göttingen haben wir mit 5–8 Leuten eine Fossil Free Gruppe gegründet, d. h., die Stadt Göttingen sollte ihre Kapitalanlagen nicht in Kohle, Öl und Gas investieren. Tatsächlich hat das geklappt. Wir haben mehrere Hundert Millionen Euro bewegt. Das war so ein fantastischer Moment, wo ich dachte: So groß kann der eigene Einfluss sein.

Was hast du vor allem aus deinen Anfängen beim Klimahandeln mitgenommen?

Man redet oft davon, dass die richtigen Menschen am richtigen Ort zur richtigen Zeit zusammenkommen müssen, damit Wandel passiert. Und man ver-

gisst dabei oft, dass man auch selbst ein Mensch ist, der selbst definieren kann, was die richtige Zeit und der richtige Ort sind. Wir haben damals erlebt, dass das, was wir gemacht haben, möglich war, weil Menschen sich zusammengetan haben und sich für eine Sache eingesetzt haben. Es wäre nicht gegangen, wenn wir nicht das Gefühl gehabt hätten, dass wir davon vollkommen überzeugt sind. Dann hätten wir nie andere so dafür begeistern können. Wenn wir nicht gesagt hätten: Wir wollen etwas Großes machen. Am Ende des Tages haben wir uns immer wieder bewusst gemacht, wie notwendig und wie relevant das ist, was wir machen. Wenn man nicht von der eigenen Relevanz überzeugt ist, kann man auch niemanden überzeugen sich anzuschließen. Wenn man nicht überzeugt ist, dass das richtig ist, was man tut, dann kann man auch nicht die Liebe und die Zeit hineinstecken, die es letztlich auch braucht.
Ein wichtiger Schritt ist zu wissen, dass man ganz viel nicht weiß. Wir haben dann immer Leute eingeladen, und mit ihnen gemeinsam überlegt, was man als Nächstes machen könnte.

Wann hast du angefangen, dich näher mit der Klimakrise zu beschäftigen?

Viele Leute fragen mich: Was war der Aha-Moment? Ich glaube, die stellen sich vor: Ich habe ein Buch aufgeschlagen, das ist die Klimakrise und bin auf die Straße gegangen. Ich würde das dreiteilen:
In der Schule war die Klimakrise ein Thema, das in der Prioritätensetzung eingereiht wurde. 90 Minuten Klimakrise und nächste Woche 90 Minuten Vulkane.
Erst im Studium sagten Forscher*innen: Wir haben es komplett unterschätzt und sind richtig schockiert. Das war für mich ein entscheidender Moment, dass ich wusste, wir sind in einer planetaren Krise. Sich der Größe und der Gefahr dieser Krise bewusst zu werden, war ein ganz entscheidender Schritt.
Diese Erfahrung passiert auf verschiedenen Wegen – sei es durch das richtige Buch oder die richtige Person, die darüber gesprochen hat oder den richtigen Podcast oder den richtigen Film. Das ist dieser Fuck-Moment, in dem man denkt: Es ist richtig, richtig schlimm.

„So groß kann der eigene Einfluss sein."

Der dritte Moment war, dass mir klar wurde, dass sich gerade jetzt niemand in einer angemessenen Art und Weise darum kümmert – auch die Politik nicht. Deutlich wurde mir das bei der Wahl um den CDU-Vorsitz 2018, bei der niemand die Klimakrise thematisierte – weder die Politik noch die Medien.

Wie hast du mit deinem Klimahandeln als Aktivistin angefangen?

2018 war die Diskussion um den Hambacher Forst. Es ging um den Wald, um den Konzern RWE, um Nordrhein-Westfalen und die Regierung. Es ging darum, ist das überhaupt rechtens oder nicht? Und um die historische Dimension, die Generationsfrage: Was ist eigentlich mit uns jungen Menschen, die die Konsequenzen der Entscheidungen von heute austragen werden müssen? Damals war ich in einer G7-Jugenddelegation von Deutschland. Ich würde immer empfehlen, sich für Ämter zu bewerben.

„Bevor das jetzt niemand macht, dann mache ich das."

Zusammen mit anderen habe ich damals einen offenen Brief an den Bundespräsidenten verschickt, den über 100 Organisationen unterschrieben haben. Und zwei Wochen später hat der Bundespräsident geantwortet und lud uns zu einem Treffen ein. Und das war es dann. Ich fragte mich dann, wieso können die es eigentlich so ignorieren. Da wurde mir klar: Mich kannst du ignorieren, aber nicht viele Menschen. Um etwas zu verändern, braucht es also Menschen, die Botschaften transportieren.
Dann war ich bei der Weltklimakonferenz 2018 in Katowice und habe dort Greta Thunberg kennengelernt. Hinterher dachte ich: Okay – bevor das jetzt niemand macht, dann mache ich das.

Gab es Momente, in denen du aufhören wolltest?

Es gab Momente, in denen dachte ich, es ist wirklich unheimlich viel Arbeit – und es ist immer noch viel Arbeit. Und es gab Momente, in denen Freundinnen gesagt haben: Luisa, kannst du mal eine Runde schlafen? Oder willst du mal andere Sachen machen? Da ist mir aufgefallen: Stimmt, andere Leute haben irgendwie Freizeit und so. Aber es war tatsächlich so, dass ich nie dachte, ich will jetzt aufhören. Es war manchmal sehr anstrengend. Aber Momente, die so anstrengend sind, sind ja auch so wichtig. Da wird einem noch einmal bewusst, man macht es nicht, weil es leicht ist, sondern weil es richtig ist. Es war eine ganz wichtige Erfahrung. Niemand dachte, das wird ein Ponyhof. Sondern wir sind angetreten, weil wir dachten, das braucht die Gemeinschaft, das ist jetzt wichtig.

Was hat dich bestärkt nicht aufzugeben?

Wenn man sich klar macht, dass man das vor allem für die Gegenwart anderer macht. Wir haben der Klimakrise ein Gesicht gegeben und es den Menschen unmöglich gemacht, uns zu ignorieren. What we do

matters! Wir sind so gewichtig. Früher hat man gesagt: Was für eine Welt werde ich meinen Enkeln hinterlassen? Heute denke ich: Was wird in fünf bis zehn Jahren sein? Das ist die Zeit, in der wir denken, denn das ist die Klimakrise.
Wir werden uns im Laufe unseres Lebens dieser Frage stellen müssen und dann möchte ich sagen, dass ich wirklich alles gemacht habe, was in meiner Macht steht und vielleicht ein bisschen mehr.

Was würdest du Schüler*innen mit auf den Weg geben, die sich engagieren wollen?

Wir haben ein Recht auf eine eigene und sichere Zukunft. Dieses Recht wird uns genommen. Die Klimakrise ist kein Zufall. Es gibt Regierungen, die setzen darauf, dass unsere Zukunft gefährdet wird. Das kann doch nicht angehen! Wir müssen uns dagegen wehren. Und hinzu kommt: Wir sind, wenn wir uns ein bisschen auskennen, nicht immer, aber immer wieder die mit der meisten Ahnung von der Faktenlage im Raum. Und wir jungen Menschen sollten uns nicht von älteren Menschen einschüchtern lassen, zumal deren Generation kollektiv dafür verantwortlich ist.

Wie können Schüler*innen ihr Anliegen sichtbar machen?

Drei Tipps fallen mir dazu ein:
Erstens: In der Regel möchte man ein Defizit beheben. Darüber kann man sprechen oder schreiben und zwar nicht nur: Das ist der vertrocknete Bach. Sondern: Hey, das bin ich und der vertrocknete Bach und ich kümmere mich darum. Wir machen uns bewusst, dass unsere Geschichten so wichtig sind, dass jemand darüber schreibt, Fotos teilt, sichtbar macht, was ist das Problem und warum habe ich damit ein Problem.
Der zweite Tipp ist, dass man sich überlegt: Wer sind meine natürlichen Partner*innen? Für die meisten Probleme gibt es schon Menschen, die sich gerade ein bisschen darum kümmern. Es lohnt sich, sich zusammenzutun. Wer hat beispielsweise eine Plattform?

„Es lohnt sich, sich zusammenzutun."

Zum Beispiel: Du hast eine Sache, die dich beschäftigt, die du ändern möchtest. Vielleicht willst du auf der nächsten Fridays for Future Demo eine Rede halten und so auf ein Problem aufmerksam machen. Anschließend kannst du dann mit einem lokalen Journalisten reden, weil du ja eine Rede gehalten hast. Man kann also gucken: Wer hat eine Plattform, die über ein Thema aufklärt und könnte ich mich da anschließen? Könnte ich das nicht nutzen? Können wir da eine Zusammenkunft finden?
Der dritte Tipp ist: Wie schaffe ich es, andere Leute zu begeistern? Habe ich Freunde, die mitmachen wollen? Möchte ich Flyer aushängen?

Wir haben das damals gemacht. Wir haben an der Uni Flyer ausgehängt und haben gesagt: Das ist unsere Gruppe, willst du mitmachen? Dann komme an dem Tag zu uns, es gibt Snacks und wir stellen dir unser Anliegen vor. Die Schritte müssen nicht hintereinanderkommen. Aber man guckt, wo sind die Leute, die zusammenkommen können. Dann wird man mehr und kann größere Sachen machen. Dann kann man nicht nur eine Rede halten, sondern etwas Größeres organisieren. Dann kann man nicht nur mit einem Journalisten reden, sondern kann gleich mehrere Pressevertreter einladen und sagen, wir gehen jetzt alle zu dem Bach und schauen uns das an und klären darüber auf, nehmen dann noch jemanden von der Uni mit, der dann wissenschaftlich darüber spricht.

Wie gehst du mit der Herausforderung Alltagshandeln um?

Ich ernähre mich zum Beispiel vegan, aber ich finde das darf nicht der Anspruch an eine Klimaaktivistin sein, dass sie sich vegan ernährt. Ich habe für mich festgestellt, dass vegane Ernährung nach heutigem Stand eine der gesündesten Arten ist sich zu ernähren. Ich bin nicht gut darin, Essensentscheidungen zu fällen, d. h., ich habe immer eine eingeschränkte Auswahl. Mit viel Obst und Gemüse geht es ganz gut. Die andere Sache ist: Ich bin viel in der Öffentlichkeit unterwegs. Ich werde viel fotografiert. Ich bin viel in Talkshows. Ich habe relativ wenig Klamotten. Und in der Tat ist es auch so, dass ich möchte, dass die Menschen sehen, dass ich nicht für jede Talkshow, in der ich bin, mein T-Shirt wechsle. Ich ziehe also nicht jedes Mal etwas Neues an, weil ich denke, dass viele junge Menschen mich sehen.
In Sachen Fortbewegung fahre sehr viel Bahn, was sehr teuer ist, vor allem international. Da achte ich dezidiert darauf. Zur COP27 bin ich, soweit es ging, Bahn gefahren und musste dann eine kurze Strecke fliegen. Für mich war es wichtig, dort zu sein, denn die Klimafrage können wir nicht allein, sondern nur gemeinsam lösen.

Deswegen denke ich, dass ein ökologisch gesundes Leben total glücklich machen kann bzw. eines zu führen, aber das ist auch ein Privileg. Und solange das ein Privileg ist, müssen wir etwas ändern. Wir brauchen Milliarden Menschen, die sich dafür einsetzen, dass wir aus den fossilen Energien herauskommen, den Fleischkonsum revolutionieren, die Bahnschienen ausbauen auf der Welt – sprich wenn sich Milliarden Menschen damit beschäftigen und nicht mit ihrer Kaufentscheidung im Gewürzregal, dann bin ich mehr als d'accord damit.

Soziale Kipppunkte

Das Klima kippt. Die Gletscher schmelzen. Der Meeresspiegel steigt. Wetterextreme werden immer häufiger. Das klingt alles ziemlich überwältigend und beängstigend. Trotzdem gibt es genügend Gründe, um diese Entwicklung nicht zu verdrängen, sondern sich aktiv für Veränderungen einzusetzen.

*Als Kippintervention bezeichnen Sozialforscher*innen die Maßnahme, die den nötigen gesellschaftlichen Wandel „anstoßen" kann.*

Es braucht eine engagierte Minderheit

Aus der Bewegungsforschung wissen wir, dass wir engagierte Menschen dringend brauchen. Denn nicht nur das Klima kann kippen, sondern auch die Gesellschaft. Es braucht eine engagierte Minderheit, die sich in Zivilgesellschaft, Wirtschaft und Politik für Klimagerechtigkeit einsetzt, dann wird auch die Mehrheit von dem Wandel angesteckt. Wenn etwa 25 % der Gesellschaft sich auf der Arbeit, in der Schule, in der Politik und auf der Straße für Klimagerechtigkeit einsetzen, dann kippt genau dieses gesellschaftliche Klima.

Soziale Kipppunkte im Klimawandel

Wer handelt, ist hoffnungsvoll

Tatsächlich beobachten immer mehr Studien, dass Jugendliche enorm unter ihrer Angst vor der Klimakrise leiden. Eine globale Studie, die Ende 2021 in „The Lancet" veröffentlicht wurde, hat 10 000 junge Menschen zum Thema „Klimaangst" befragt. Nicht nur gaben über die Hälfte der Jugendlichen an, extrem oder sehr besorgt zu sein, sondern 45 % sagten sogar, dass diese Gefühle sie in ihrem Alltag einschränken. Diese Klimaangst junger Menschen hängt der Studie zufolge damit zusammen, dass sie sich von den Regierungen verraten fühlen.

Die Psychologin Prof. Maria Ojala hat verschiedene Studien dazu untersucht und kommt zu dem Schluss, dass Menschen mit einer konstruktiven Hoffnung (im Gegensatz zur Hoffnung auf Basis von Verdrängung) diese aus vier verschiedenen Quellen ziehen. Einige ziehen ihre Klimahoffnung aus dem Vertrauen, dass verschiedene gesellschaftliche Akteure, etwa die Klimabewegung, bereits versuchen, die Krise zu bekämpfen. Menschen finden auch Hoffnung, indem sie die Krise anerkennen, aber auch die Tatsache hervorheben, dass immer mehr Menschen ein Klimabewusstsein entwickeln. Andere bleiben eher pessimistisch, weigern sich aber, der Hoffnungslosigkeit nachzugeben. Die vierte Quelle der Klimahoffnung ist das Vertrauen in die eigene Fähigkeit, Veränderungen zu bewirken.

Wer sich also engagiert und Selbstwirksamkeit erfährt, also realisiert, dass man zu Veränderungen beitragen kann, wird eher hoffnungsvoll sein. Gleichzeitig wird das Engagement von anderen Menschen als Grund zur Hoffnung wahrgenommen. Das klimabezogene Engagement hilft also gegen die eigene Klimaangst sowie die Klimaangst derer, die diese Anstrengungen und Veränderungen wahrnehmen.

Wir haben alle Werkzeuge, die wir brauchen

Genauso wie wir in der Gesellschaft nicht darauf warten können, dass eine Person oder eine Gruppe die Sache in die Hand nimmt und die Klimakrise löst, können wir auf der Seite der Technologie nicht darauf warten, dass eine Technologie auf einmal alles dekarbonisiert. Der Weltklimarat IPCC fasst in seinem sechsten Synthesebericht nochmal zusammen, dass viele der Lösungen bereits heute verfügbar sind. Sie kommen uns in vielerlei Hinsicht zugute – in Bezug auf Gesundheit, Gerechtigkeit und sogar wirtschaftliche Belange –, während sie gleichzeitig die Widerstandsfähigkeit erhöhen und den Übergang zu einer sauberen Energiezukunft beschleunigen:

> *„Schneller und weitreichender Wandel in allen Sektoren und Systemen ist notwendig, um tief greifende und anhaltende Emissionsreduktionen zu erreichen und eine lebenswerte und nachhaltige Zukunft für alle zu sichern. Diese Systemübergänge erfordern den erheblichen Ausbau eines breiten Spektrums an Minderungs- und Anpassungsoptionen. Machbare, wirksame und kostengünstige Optionen zur Minderung des Klimawandels und zur Anpassung daran sind bereits verfügbar, wobei je nach System und Region Unterschiede bestehen (hohes Vertrauen)."*

Quelle: Synthesebericht zum Sechsten IPCC-Sachstandsbericht (AR6) – Hauptaussagen aus der Zusammenfassung für die politische Entscheidungsfindung (SPM), Deutsche IPCC-Koordinierungsstelle, Bonn, Version vom 11. Juli 2023, S. 4

Die zweite gute Nachricht aus dem IPCC-Bericht ist die Feststellung, dass Klimaschutzmaßnahmen auch viele weitere positive Effekte hätten:

> *„Tief greifende, schnelle und anhaltende Minderungsmaßnahmen und eine beschleunigte Umsetzung von Anpassungsmaßnahmen in diesem Jahrzehnt würden die projizierten Verluste und Schäden für Menschen und Ökosysteme verringern (sehr hohes Vertrauen) und viele positive Nebeneffekte bringen, insbesondere für die Luftqualität und die Gesundheit (hohes Vertrauen)."*

Quelle: Synthesebericht zum Sechsten IPCC-Sachstandsbericht (AR6) – Hauptaussagen aus der Zusammenfassung für die politische Entscheidungsfindung (SPM), Deutsche IPCC-Koordinierungsstelle, Bonn, Version vom 11. Juli 2023, S. 4

Wir hoffen, dass ihr nach diesen ersten Seiten versteht, warum wir in diesem Buch nicht nur das theoretische Wissen über die Klimakrise teilen, sondern auch das praktische Wissen, was man dagegen tun kann.

So können soziale Kipppunkte in der Praxis für Umweltschutz genutzt werden

Die App „Chilli" will im Gegensatz zu den meisten Klima-Apps nicht das Konsumverhalten ihrer Nutzer*innen ändern. Stattdessen zielt das junge Start-up darauf ab, systematischen Wandel herbeizuführen.
Hierfür nutzt es soziale Kipppunkte.

Das funktioniert wie folgt: In der App können Aktivist*innen kurze Videos hochladen, ähnlich wie auf TikTok oder Instagram. In diesen Videos erklären sie ihre Kampagne und geben an, wie man ihnen helfen kann. Die Nutzer*innen der App unterstützen die Aktivist*innen dann durch das Versenden von E-Mails, das Hinterlassen von Social Media-Kommentaren oder das Verfassen von Google Maps-Bewertungen. Das eigenhändige Verfassen solcher Texte wäre naturgemäß mit großem Aufwand verbunden. Daher schlägt die App KI-generierte, individuelle Texte vor, die dann aber – wenn sie nicht überarbeitet werden – laut EU-Gesetzgebung zu kennzeichnen sind.

Das kann so viel Druck erzeugen, dass Politiker*innen und Unternehmen umweltfreundliche Entscheidungen treffen. Die französische Aktivistin Anne-Sophie Roux setzt sich beispielsweise dafür ein, dass das sogenannte Deep Sea Mining verboten wird, also das Abbauen von Rohstoffen am Meeresboden, durch das Ökosysteme im Ozean unwiderruflich zerstört werden. Sie hat Gespräche mit Dutzenden Staaten geführt, um diese Projekte weltweit zu verhindern. Auf „Chilli" haben Hunderte Nutzer*innen sie unterstützt, beispielsweise durch E-Mails an die französische Regierung und Diplomat*innen. Dadurch wurde der Regierung bewusst, dass sich viele Menschen für den Schutz der Ozeane engagieren. Frankreich setzt sich seitdem für ein internationales Verbot von Deep Sea Mining ein. Im Oktober 2023 haben sich bereits 22 Länder dieser Mission angeschlossen.

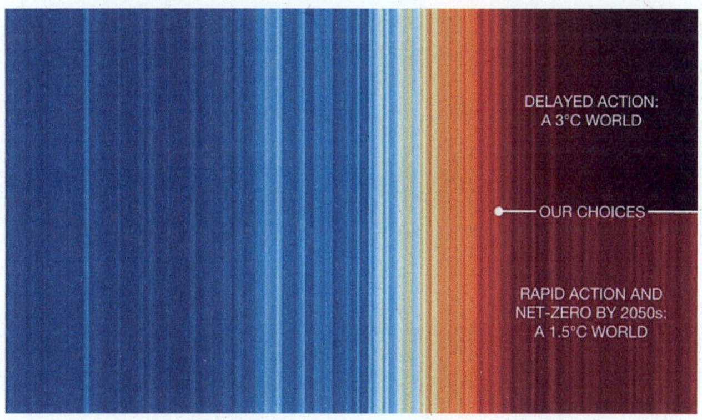

Kapitel 2:
Die sechs Schritte des Klimahandelns

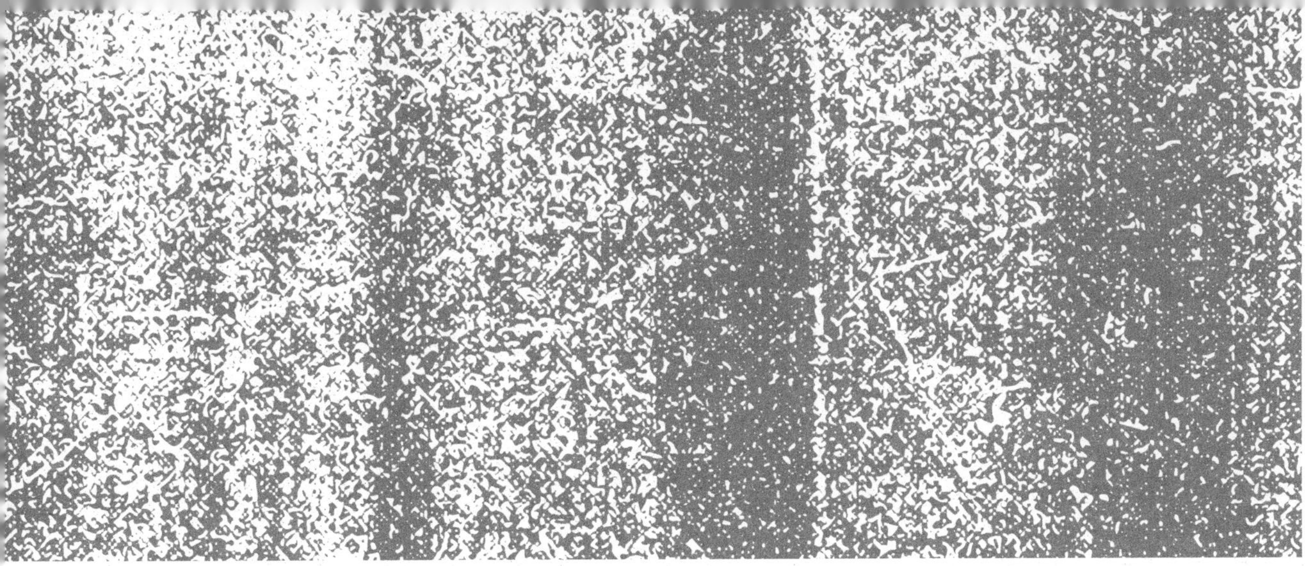

Liebe Leser*innen,

das erste Kapitel unseres Buches hat euch einen Überblick darüber gegeben, was die Klimakrise eigentlich ist und warum es wichtig ist, sie zu bekämpfen.

Nun wollen wir uns dem Handeln widmen. In diesem Kapitel werden wir euch sechs Schritte vorstellen, mit denen ihr eure eigenen Projekte organisieren könnt. Diese sechs Schritte des Klimahandelns sollen eine Orientierungshilfe sein. Ihr könnt sie entweder Schritt für Schritt gehen oder zwischen den einzelnen Schritten hin- und herspringen.

Wir hoffen, dass ihr durch dieses Kapitel realisiert, dass ihr eigentlich schon alles habt, um Gesellschaft mitzugestalten. Denn dafür braucht es eigentlich nur kreative Köpfe, die sich zusammenschließen, sowie eine ordentliche Portion Durchhaltevermögen.

Wir wünschen euch dieses Durchhaltevermögen und viel Spaß beim Hin- und Herspringen oder geradlinigen Voranschreiten.

#WirKLIMAHANDELN!

Theresia, Stefan & Wilfried

13 MASSNAHMEN ZUM KLIMASCHUTZ

Auf geht's!

In sechs Schritten von der Neugierde zum Klimahandeln

Wie kommen wir zum Klimahandeln?
Vorweg: Es gibt natürlich nicht nur einen Weg, sondern viele. Aber es gibt sechs Schritte, die uns helfen, wirklich zum Klimahandeln zu kommen. Dabei kommt es weniger auf die Reihenfolge an, ihr könnt auch zwischen den Schritten hin- und herspringen.

1 Wir werden neugierig!

Neugierig sein ist eine ganz wichtige und hilfreiche Haltung. Menschen, die bereits klimahandeln, werden von ihren Erfahrungen und ihren Erlebnissen berichten. Lasst uns neugierig mit offenen Augen und Ohren durch die Welt gehen.

2 Wir lernen dazu!

Wir wissen und können schon vieles. Das machen wir uns bewusst. Und gleichzeitig ist es hilfreich festzustellen, was wir noch nicht wissen bzw. können, aber wissen und können wollen.

3 Wir recherchieren!

Um mehr zu erfahren, kann eine gute Recherche sehr lohnend sein. Mit einem guten Handwerkzeug an Strategien und Tipps können wir uns die benötigten Informationen beschaffen.

Das Hin- und Herspringen

Beim Entwickeln von Ideen können bei uns neue Fragen aufkommen, zu denen wir erst einmal wieder recherchieren wollen. Auch nach einem Zusammenschließen mit anderen kann dies der Fall sein. In die andere Richtung wird es ebenfalls Abweichungen geben. Beim Neugierigwerden entstehen in unseren Köpfen womöglich bereits erste Ideen. Diese sollten wir unbedingt notieren und eventuell auch gleich weiterdenken. Anschließend springen wir wieder zurück, um noch mehr über unsere Ideen zu lernen und zu recherchieren.

So geben uns die sechs Schritte von #WirKLIMAHANDELN! eine lohnende Orientierung, ohne uns in unserem Denken und Handeln einzuschränken. Wir erkennen dadurch vielmehr, bei welchem Schritt wir uns gerade befinden und wie unser weiterer Weg aussehen kann. Bei aller Flexibilitat hat sich gezeigt, dass es für ein gelungenes Klimahandeln sehr hilfreich ist, alle sechs Schritte zu berücksichtigen.

4 Wir entwickeln Ideen!

Gemeinsam kreativ zu werden, macht mit den entsprechenden Methoden richtig Spaß. Hier spielt die Motivation eine große Rolle. Denn je begeisterter wir von unserer Idee sind, umso größer wird auch unser Durchhaltevermögen sein.

5 Wir schließen uns zusammen!

Es gibt zum Glück noch mehr Menschen, die sich für unser Anliegen einsetzen. Wir versuchen, das „Wir" möglichst groß zu machen, um so möglichst wirkmächtig zu sein.

6 #WirKLIMAHANDELN!

Endlich! Der entscheidende Schritt: Wir planen und handeln gemeinsam! Und nach dem Erreichen eines Meilensteins und natürlich nach dem erfolgreichen Klimahandeln wird gefeiert.

Wann, wenn nicht jetzt?

So gehen wir die sechs Schritte zum Klimahandeln

Wie gehen wir vor?

Zu allen sechs Schritten werden wir viele lohnende Erkenntnisse auf unserem Weg zum Klimahandeln sammeln. Damit diese nicht verloren gehen, notieren wir sie.

Hier finden wir eine Auswahl an Fragen, die uns weiterhelfen können. Unter dem QR-Code finden wir diese Fragen wieder – und zwar auf sechs Notizzetteln, zu jedem der sechs Schritte jeweils einen. Diese PDF-Datei ist auch digital beschreibbar.

Wir werden neugierig!

- Was fällt uns spontan dazu ein?
- Was für Gedanken und Gefühle gehen uns durch den Kopf?
- Was macht uns Sorgen?
- Was gibt uns Hoffnung?
- Was haben wir dazu bereits für Erfahrungen gemacht?
- Was haben wir dazu bereits erlebt?
- Was interessiert uns vor allem daran?
- Was sind unsere Fragen?

Wir lernen dazu!

- Was ist für uns besonders wichtig?
- Was wissen wir bereits?
- Was können wir bereits?
- Was wissen wir noch nicht?
- Was müssen wir unbedingt noch wissen?
- Was sagen Expert*innen dazu?
- Was wollen wir dazulernen?
- Wer kann uns dabei weiterhelfen?
- Was haben wir Neues gelernt?

Wir recherchieren!

- Wie gehen wir bei der Recherche vor?
- Wo können wir Informationen finden?
- Wie überprüfen wir Informationen?
- Wie unterscheiden wir zwischen Fake News und richtigen, zumindest glaubhaften Informationen?
- Welche Influencer*innen beschäftigen sich mit der Klimakrise?
- Welche Expert*innen bzw. Einrichtungen/Organisationen fragen wir?
- Was haben wir herausgefunden?
- Was bleibt unklar?

#WirKLIMAHANDELN!

- Was ist das Ziel unseres Klimahandelns?
- Welche Form des Klimahandelns wollen wir umsetzen?
- Wie lautet unser Ziel ganz genau? (Tipp: SMART-Methode)
- Wie sieht unser Umsetzungsplan aus?
- Welche Meilensteine gibt es?
- Wer übernimmt welche Aufgabe(n)?
- Wann und wie treffen wir uns?
- Welche weitere Unterstützung benötigen wir?
- Wie machen wir auf unser Klimahandeln aufmerksam?
- Wie überprüfen wir unser Handeln?
- Wie feiern wir unsere Erfolge?

Wir schließen uns zusammen!

- Wer engagiert sich bereits für ein ähnliches Ziel wie wir?
- Wer könnte uns unterstützen?
- Wen sollten wir unbedingt für uns gewinnen?
- Wie gehen wir bei der Kontaktaufnahme vor?
- Wie und wann rufen wir an?
- Wie und wann starten wir?
- Welche Social Media nutzen wir?
- Wie wollen wir uns als Team miteinander austauschen?
- Welche Plattform nutzen wir?

Wir entwickeln Ideen!

- Welche Ideen fallen uns spontan ein?
- Wie gehen wir bei der Ideenfindung vor? Welche Methode nutzen wir? (Brainstorming, SWOT-Analyse etc.)
- Welche Ideen gibt es bereits?
- Was können wir von bereits vorhandenen Ideen übernehmen?
- Was sind meine WOW-Ideen? Was sind unsere WOW-Ideen?
- Welche Idee(n) wollen wir umsetzen?
- Wie begeistert sind wir von unserer Idee?

Wir werden neugierig

Lernen sollte Spaß machen! Das ist am einfachsten, wenn wir neugierig sind. Denn wenn uns etwas fasziniert, wollen wir dadurch automatisch mehr lernen. Außerdem hilft uns Neugierde als Haltung, offen durch die Welt zu gehen. Wer die Bereitschaft hat, Neues zu lernen, kann auch besser mit unerwarteten oder überfordernden Veränderungen, wie mit Pandemien oder Krisen, umgehen.

Im ersten Schritt des Klimahandelns wollen wir uns damit beschäftigen, wie wir diese Neugier wecken und nutzen können. Da nicht alle die gleichen Interessen haben, kannst nur du wissen, was dich wirklich neugierig machen könnte. Um das herauszufinden, frag dich am besten, wann du das letzte Mal wirklich Freude am Lernen hattest. Gibt es Themen, über die du dich auch in deiner Freizeit gerne informierst? Was hat dich dazu inspiriert? War es eine Dokumentation, ein Song, ein Buch, eine Person mit einer spannenden Biografie oder eine Serie?

Wenn du ein Medium entdeckt hast, das dich besonders interessiert, kannst du dich vertieft damit beschäftigen, wie es sich auf den Klimawandel auswirkt. Wenn du zum Beispiel von einem Rap-Song inspiriert wurdest oder dich ein kurzes Video in den sozialen Medien angesprochen hat, kannst du schauen, ob es noch mehr Songs gibt, die sich mit dem Klimawandel auseinandersetzen oder ob es Accounts gibt, die regelmäßig Videos zur Nachhaltigkeit veröffentlichen.

Auch in diesem Magazin versuchen wir, so viele Medien und Aspekte wie möglich anzusprechen. Wenn du etwas in unserem Magazin entdeckst, das deine Neugier weckt, folge einfach deiner Neugier und schau, wohin sie dich führt.

Eine Möglichkeit, deine Wissbegierde zu wecken, ist die Bohnen-Methode. Eigentlich ist diese Methode eine Übung, um Dankbarkeit zu trainieren, aber für Neugierde funktioniert sie mindestens genauso gut, und zwar so:

Stecke dir eine Handvoll Bohnen (oder auch Kaffeebohnen, Perlen oder Reiskörner) einen Tag lang in deine rechte Hosentasche. Immer dann, wenn du etwas interessant findest oder neugierig bist, nimmst du eine Bohne aus der rechten Tasche und steckst sie in deine linke. Am Ende des Tages kannst du zählen, wie viele Bohnen deine Tasche gewechselt haben. Außerdem kannst du versuchen zu analysieren, wann du immer neugierig warst. Gibt es ein verbindendes Element?

Wer keine Hosentaschen oder keine Bohnen hat oder einfach lieber digital arbeitet, kann natürlich auch stattdessen einen Vermerk in der Notizen-App machen.

Tristan Stadtler ist der Sänger der deutschen Indie-Pop-Band Raum27. Wenn man ihn nicht gerade auf der Bühne trifft, dann wahrscheinlich auf einer Klimademo. Er erklärt sein Engagement so:

„Für mich ist es schwer, nicht auf Demos zu gehen und in meinem mir möglichen Rahmen aktivistisch zu sein, wenn ich Texte schreibe, die einen Querschnitt der Realität unserer Welt abbilden sollen – und die Realität brennt gerade."

Theresias Tipps

Bei mir ist es so, dass ich besonders nach angeregten Gesprächen mit Freundinnen und Freunden oder Bekannten inspiriert bin. Aber auch Podcasts, Musik, Filme und Social-Media-Accounts machen mich wissbegierig. Das hier ist eine Auswahl meiner „Bohnen“:

Songs

- Alles wird gut – KUMMER feat. Fred Rabe
- Hurra, die Welt geht unter – KIZ feat. Henning May
- OverHeated – Billie Eilish
- The 1975 – The 1975 (feat. Greta Thunberg)
- Gute Wut – CONNY
- New 68 – Leoniden
- Die Kids sind alright – OK Kid
- Fair – Nura
- Das Klima wieder hin – Raum27

Serien/Filme/Fernsehsendungen

- Don't look up
- Wir können auch anders
- Princess Mononoke
- Joko Winterscheidt Presents – The World's Most Dangerous Show
- Aufschrei der Jugend
- Ökozid
- Mein Leben auf unserem Planeten
- Tomorrow: Die Welt ist voller Lösungen

Ein einfacher Weg neugierig zu bleiben, ist außerdem, das Klima in die Medien, die wir sowieso schon konsumieren, zu integrieren. Wer Accounts folgt, die sich mit Nachhaltigkeit beschäftigen, dem werden automatisch mehr Klimainhalte vorgeschlagen.

Social-Media Account

- klima.neutral
- klima.taz
- louisa.schneider
- earthrise.studio (englisch)
- earthlyeducation (englisch)

Podcasts

- Der 1,5-Grad Podcast
- KLIMANEWS
- Pod steh uns bei
- Klimagefühle

Ständig mit der Klimakrise konfrontiert zu werden, wenn man die sozialen Medien nutzt, kann einen auch überfordern. Wenn du merkst, dass diese Art des Nachrichtenkonsums dir nicht gut tut, kannst du auch einen Newsletter abonnieren, in dem dir Journalist*innen in regelmäßigem Abstand alle wichtigen Nachrichten zur Klimakrise zusammenfassen.

Klima-Newsletter

- RE: Klimakrise (Telegram)
- SPIEGEL Klimabericht – der Newsletter
- Klimahochdrei: Drei Klimanews der Woche als Newsletter
- klimareporter° kompakt – unser Newsletter

Wir lernen dazu

Jetzt, wo wir inspiriert sind und vielleicht schon erste Berührungspunkte mit unserem Thema hatten, ist es an der Zeit, nochmal ein bisschen Abstand zu nehmen und eine Bestandsaufnahme zu machen.

Wir nehmen jetzt quasi die Rolle eines Wissenschaftlers oder einer Wissenschaftlerin ein, der/die ein neues Projekt beginnt. Wir stellen uns also die Fragen: Was wissen wir über unser Thema schon? Was wissen wir noch nicht?

Am besten halten wir dieses Vorwissen einmal gesammelt fest – etwa in einer Mindmap. Ebenso wichtig sind die Fragen, die wir zu unserem Thema haben.

In der Wissenschaft ist es auch üblich, sich mit der Frage auseinanderzusetzen, welchen „Bias“ (bias [engl.] = Vorurteil, Befangenheit) man mitbringt. Die Frage ist also, ob wir schon Meinungen, Erfahrungen und Werte haben, die uns in unserer Wahrnehmung verzerren. Das ist erst einmal gar nichts Schlechtes, schon eine gewisse Haltung zu unserem Thema zu haben. Aber wir müssen uns unsere Einflüsse bewusst machen, damit wir sie hinterfragen und benennen können.

Nachdem wir festgestellt haben, was unser Vorwissen ist, was unsere Fragen sind und mit welcher Haltung wir an das Thema herangehen, können wir unsere Recherche vorbereiten. Wir können überlegen, wie wir unsere Fragen beantworten können. Gibt es Expert*innen, die wir zu dem Thema befragen können? Vielleicht sogar Menschen in unserem Umfeld? Gibt es bereits Reportagen oder Erklärvideos, die uns einen schnellen Einblick in unser Thema verschaffen?

Wir recherchieren

Jetzt geht es an die eigentliche Recherche. Vielleicht hilft es dir ein wenig, dich in die Rolle einer Journalistin oder eines Journalisten hineinzuversetzen. In der Regel ist man kein Experte für das Thema, über das man berichten soll. Man spricht also mit verschiedenen Expert*innen, liest Studien oder andere Artikel, um so viele Informationen wie möglich zu erhalten. Am Ende versucht man, diese Informationen knackig zusammenzufassen und ein Fazit zu finden.

Johann Lensing arbeitet ehrenamtlich als Redakteur für den Klimapodcast „KLIMANEWS". Dreimal in der Woche recherchiert er mit seinen Kolleg*innen zu Klimathemen. Er nennt seine Recherche-Methode „Das Schneeball-System" und hat sie hier für euch kurz zusammengefasst:

Das Schneeball-System – so recherchiert man richtig

1. Mache dir zunächst bewusst, wofür du recherchierst und wie detailliert deine benötigten Informationen sein müssen.
2. Wenn du dich mit dem Thema noch gar nicht auskennst, fang mit einfachen Zugängen an. Enzyklopädien wie Wikipedia, Bildungssendungen im Fernsehen oder Lernvideos in Mediatheken oder auf Plattformen wie YouTube können ein guter Einstieg sein, um sich einen Überblick über das Thema zu verschaffen.
3. Achte immer darauf, dass die Informationen mit Quellen belegt sind. Diese findest du in den Fußnoten, den Kommentaren oder den Beschreibungsseiten.
4. Nutze diese Quellen, um dich tiefer in das Thema einzuarbeiten. Folge den Links und lies mehr zum gleichen Thema. Wenn das ein seriöser Beitrag ist, wird auch dieser seine Quellen offenlegen und seine Behauptungen belegen. Folge diesen Quellen, als wärst du ein Schneeball, der zwischen verschiedenen Personen hin- und hergeworfen wird – nur dass hier die Personen für unterschiedliche Artikel und Beiträge stehen.
5. Notiere dir die Aussagen, die in allen Quellen ähnlich drinstehen. Als Faustregel kannst du davon ausgehen, dass eine Information, die du in verschiedenen seriösen Artikeln und Beiträgen findest, verlässlich ist. Halte auch fest, wo die Beiträge vielleicht zu unterschiedlichen Ergebnissen kommen. Hier herrscht möglicherweise noch Unklarheit in der Fachwelt und es ist wichtig, auch darauf einzugehen.
6. Fasse die Informationen, die du gefunden hast, zusammen. Das hilft dir, nicht den Überblick zu verlieren. Mit der Zusammenfassung und deinen Notizen kannst du nun deine offenen Fragen beantworten.

Klimawandel – Sprechen wir drüber!

Mindestens 97 % der Klimawissenschaftler sind überzeugt, dass der Mensch den gegenwärtigen Klimawandel verursacht. Und diese überwältigende klare Beurteilung ist keineswegs neu.

Von **33 700 Autoren** der in Fachzeitschriften zwischen 2001 und 2012 veröffentlichten Artikel zum Klimawandel lehnen nur **34** ab, dass er **großenteils vom Menschen** verursacht ist.

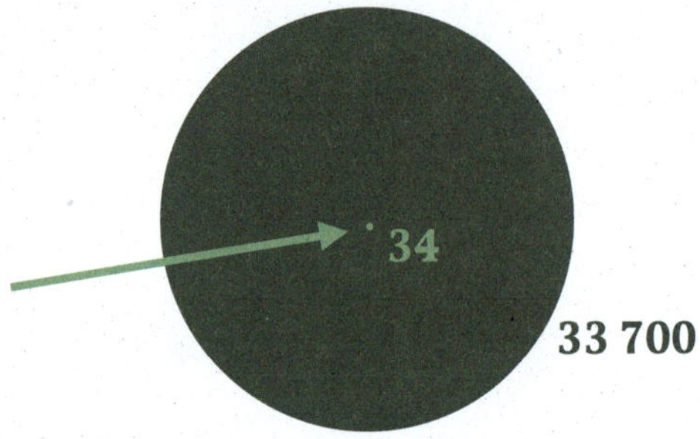

Was sagen die Parteien des deutschen Bundestags zum Klimawandel? – eine Analyse der Wahlprogramme zur Europawahl 2024

CDU/CSU, die SPD, Die Linke und Bündnis 90/Die Grünen stehen zum Ziel einer klimaneutralen Europäischen Union zum Jahr 2050. Klimaschutz muss gelingen, nur so ist und bleibt Europa stark. Klimaschutz ist auch ein Jobmotor, da Zukunftstechnologien gefördert werden – das sind die Hauptsagen. Die Linke ist der Meinung, dass bisherige Maßnahmenpakete zur Erreichung von Klimaneutralität nicht ausreichend sind. Einen besonderen Fokus setzen die Parteien Die Linke und die SPD auf die Klimagerechtigkeit und fordern eine soziale Ausgewogenheit von Klimamaßnahmen gerade in den Bereichen Wohnen und Mobilität. Die CDU/CSU setzt Klimaschutz und klimafreundliche Produktionsweisen in den Kontext von internationaler Wettbewerbsfähigkeit. Bündnis 90/Die Grünen sprechen von „Klimakrise" und sehen Klimaschutz sowie Klimaanpassung als Garanten eines sicheren Wohlstands und fordern eine bürgernahe Umsetzung. Das Wahlprogramm der FDP geht nicht ein auf das Ziel eines klimaneutralen Europas, sie priorisiert mehr Technologieoffenheit in den Klimarichtlinien. Einzig die AfD spricht von einem Dogma des menschengemachten Klimawandels und einer unwissenschaftlichen Klima-Hysterie. Die AfD ist gegen CO_2-Reduktionsziele, denn klimatische Veränderungen seien – auch in der Geschwindigkeit – vergleichbar mit dem natürlichen Klimawandel, es zeigen sich – so die AfD – in der Realität keine vermehrten Extremwertereignisse oder ein beschleunigt auftretender Meeresspiegelanstieg.

P-L-U-R-V – Die fünf häufigsten Tricks von Klimaleugnern

P

Pseudoexperten
Eine unqualifizierte Person oder Institution wird als Quelle glaubwürdiger Informationen präsentiert.

L

Logikfehler
„Das Klima hat sich in der Vergangenheit wegen natürlicher Ursachen verändert, also haben die heutigen Veränderungen ebenfalls natürliche Ursachen."

U

Unerfüllbare Erwartungen
„Wissenschaftler können nicht einmal das Wetter in der nächsten Woche vorhersagen. Wie sollen sie also das Wetter in 100 Jahren vorhersagen können?"

R

Rosinenpicken
„Heute ist es ziemlich kalt. Was ist nur mit der globalen Erwärmung passiert?"

V

Verschwötungsmythen
„Die Climategate-E-Mails beweisen, dass Klimaforscher an einer Verschwörung beteiligt sind, um die Öffentlichkeit hinters Licht zu führen."

Ausführliche Beispielliste von P-L-U-R-V

P-L-U-R-V-Infoposter

Die häufigsten Klimamythen

1. Das Klima hat sich schon in der Vergangenheit mehrmals verändert.
2. Die Sonne ist dafür verantwortlich.
3. Es ist gar nicht so schlimm.
4. Es gibt keinen Konsens.
5. Es wird kälter.
6. Modelle sind unzuverlässig.
7. Temperaturrekorde sagen nichts aus.
8. Pflanzen und Tiere können sich anpassen.
9. Seit 1998 hat die Temperatur nicht zugenommen.
10. In der Antarktis wächst der Eisschild.

Was die Wissenschaft zu den Klimamythen sagt

Beispiel zur logikbasierten Widerlegung

Argument:

„31 000 Wissenschaftler mit einer abweichenden Meinung belegen, dass es unter Experten keine Übereinstimmung über die menschengemachte globale Erwärmung gibt."

Prämisse 1:

Ein Großteil der Personen mit wissenschaftlichem Abschluss widerspricht dem menschengemachten Klimawandel.

← **Aufgeblähte Minderheit**

31 000 hören sich nach einer großen Anzahl an, machen aber nur 0,3 % der Menschen mit einem wissenschaftlichen Abschluss in den USA aus.

Prämisse 2:

Personen mit wissenschaftlichem Abschluss sind Klimaexperten.

← **Pseudo-Experten**

Alle Unterzeichner haben zwar einen wissenschaftlichen Abschluss, 99,9 % aber keine Expertise in der Klimaforschung.

↓ **formal richtig**

Schlussfolgerung:

Es gibt keine Übereinstimmung unter Experten über die menschengemachte globale Erwärmung.

✕ **faktisch ungültig**

Beispiele für Blog-Posts, mit denen man Klimaskeptiker widerlegen kann

- Helmholtz Klima Initiative: Es gibt den wissenschaftlichen Konsens!
- klimafakten.de: Widerlegen, aber richtig!
- Sceptical Science: Unsere Zwickmühle: Die Präsenz auf Facebook – und die Alternative MeWe
- klima:neutral: Video „Fake News!"
- „The Science of Cranky Uncle" bzw. Critical Thinking Cafe

Tipps und Tricks zum Recherchieren

Das Recherche-Rezept:

1. Überblick verschaffen
2. News checken
3. Studien sichten
4. Podcasts und Videos nutzen

1. Überblick verschaffen

Einen guten Überblick liefert das beste Lexikon der Welt: Wikipedia! Darüber hinaus führen die zahlreichen Fußnoten im Text zu den Originalquellen. Übrigens unterscheiden sich die Wikipedia-Seiten in den jeweiligen Sprachen. Die englische Wikipedia-Seite ist meist umfangreicher und aktueller.

2. News checken

Jede Suchmaschine besitzt die Rubrik „Nachrichten" bzw. „News". Dort werden aktuelle Artikel angezeigt. Mit dem Suchfilter lässt sich der Erscheinungszeitraum festlegen. Auch die Sprache, in der die Artikel geschrieben wurden, kann meist bestimmt werden.

3. Studien sichten

Für eine ausführliche Recherche lohnt es sich manchmal auch, die zugrunde liegenden Studien anzuschauen. Gleiches gilt für die Berichte des UN-Weltklimarates IPCC. Wissenschaftliche Beiträge lassen sich gut mit Google Scholar recherchieren. Auch hier liefert die Eingabe des englischen Begriffs in der Regel mehr Treffer.
Ganz wichtig ist bei allen Studien, Berichten und Beiträgen zu recherchieren, wer sie verfasst und wer sie ggf. in Auftrag gegeben hat. Hieraus lassen sich manchmal auch Schlüsse auf das Ergebnis ziehen.

4. Podcasts und Videos nutzen

Mittlerweile gibt es zahlreiche Podcasts, die sich mit der Klimakrise beschäftigen. Durch die Interviewsituation werden in der Regel viele lohnende Fragen angesprochen und beantwortet. Das Hören kann gleichzeitig bei der Recherche inspirieren.
Zu den meisten Themen rund um die Klimakrise gibt es zahlreiche Videos. Auch hier gilt es, die Quelle zu beachten, aber auch das Erscheinungsdatum. Die Mediatheken der TV-Sender bieten auch oft gute Videos.

Ideen für das Suchen mit der Suchmaschine

- Begriffe, die nicht vorkommen sollen, werden mit einem Minuszeichen davor eingegeben.
- Eine gezielte Recherche nach Dateiformaten ist mit der Eingabe der Dateiendung möglich, z. B. „.pptx" oder „.pdf".
- Oft lohnt sich eine Recherche nach Statistiken mit „Statistik" bzw. „statistics".
- Bei regionalen Themen in der jeweiligen Landessprache suchen und ggf. eine Übersetzungsseite nutzen.

Nicht alle Informationen sind kostenlos verfügbar!

Leider sind nicht alle Informationen im Internet frei verfügbar. Artikel befinden sich oft hinter einer sogenannten Paywall, d. h., für das Lesen muss bezahlt werden. Daher kann sich nach vorheriger Recherche auch der Besuch einer Bibliothek lohnen, insbesondere von Universitäten.

KI kann weiterhelfen, aber Vorsicht!

Seit Ende 2022 ist dank ChatGPT und anderer Angebote die Kommunikation mit künstlicher Intelligenz (KI) im Internet leicht möglich. Gerade im Kontext der Klimakrise ist aber zu beachten, dass eine KI aufgrund der zahlreich vorhandenen Fehlinformationen auch öfter zu falschen Erkenntnissen kommt. Zudem befindet sich ChatGPT aktuell noch auf dem Wissensstand von Ende 2021. Dennoch kann eine KI mit einer entsprechend präzisen Eingabe sehr hilfreiche Antworten geben.

Sicherer Anker

Folgende Institutionen sind sichere Anker bei der Recherche zur Klimakrise, allen voran natürlich der UN-Weltklimarat IPCC:

- IPCC: www.ipcc.ch (englisch) oder die deutsche Koordinierungsstelle: www.de-ipcc.de
- Deutsches Klima-Konsortium: www.deutsches-klima-konsortium.de
- PIK – Potsdam-Institut für Klimafolgenforschung: www.pik-potsdam.de/de
- Helmholtz-Klima-Initiative: www.helmholtz-klima.de

Weitere Recherche-Tipps

- **Google Scholar** ist eine Suchmaschine für wissenschaftliche Studien weltweit. Wenn man die entsprechenden Schlagwörter auf Englisch eingibt, findet man in der Regel noch mehr Ergebnisse.
- Viele Zeitungen haben **Online-Archive**, bei denen ihr kostenfrei auf ältere Artikel und Ausgaben zugreifen könnt.
- In **Bibliotheken** gibt es neben den ganzen Büchern auch oft Online-Zugänge zu Rechercheplattformen und Zeitungen. Außerdem kann euch das Fachpersonal vor Ort Tipps geben, wie ihr mehr über euer Thema erfahren könnt.

Wir entwickeln Ideen

Jetzt solltet ihr zu eurem Thema einiges recherchiert und die zentralen Probleme identifiziert haben. Im vierten Schritt geht es nun darum, Ideen für kreative Lösungen zu sammeln und gemeinsam weiterzuentwickeln.

Die Ideenfindung kann mit einem **Brainstorming** beginnen. Dabei müssen wir übrigens „das Rad nicht unbedingt neu erfinden", wir können uns an Ideen und am Klimahandeln anderer orientieren.

Dann folgt der Check: Ist die Idee überhaupt für ein Klimahandeln geeignet? Das kann über eine **SWOT-Analyse** erfolgen.

Welche Idee wollen wir umsetzen? Um zu einer wohlbegründeten Auswahl zu kommen, hinter der wir alle mit Überzeugung stehen, kann die **HOW-NOW-WOW-CIAO-Methode** genutzt werden.

Eine andere Methode, wie man von einem ersten Gedanken zu einer ausgereiften Idee kommt, die man weiterentwickeln will, ist die **Design Thinking-Methode**.

SWOT-Analyse

Im Begriff „SWOT" stecken die vier Anfangsbuchstaben der englischen Begriffe

Strengths (deutsch: Stärken)
Weaknesses (deutsch: Schwächen)
Opportunities (deutsch: Chancen)
Threats (deutsch: Bedrohungen/Risiken).

Unsere Ideen können wir einer SWOT-Analyse unterziehen, um uns Klarheit zu verschaffen, welche Idee besonders wirksam und auch umsetzbar ist.

Kategorien der SWOT-Analyse zur Bewertung eurer Ideen

HOW-NOW-WOW-CIAO-Methode

Die HOW-NOW-WOW-CIAO-Methode erleichtert uns bei einer Vielzahl an Ideen die Auswahl. Jede Idee wird dabei in eines der vier Felder eingeordnet.

Hilfreich sind zwei Fragen:
- Wie innovativ ist die Idee?
- Wie machbar ist die Umsetzung?

HOW! Viel Innovationspotenzial – also überlegen wir, ob wir nicht noch einen anderen, machbareren Weg zur Umsetzung finden.

NOW! Gut machbar – also überlegen wir, ob wir nicht noch einen anderen, innovativeren Weg zur Umsetzung finden.

WOW! Eine Idee mit viel Innovationspotenzial, die gleichzeitig machbar ist – super!

CIAO! Nächste Idee, bitte!

Design Thinking

Im Design Thinking stehen eure Wünsche oben an. Diese Wünsche sind aus euren Bedürfnissen und Emotionen entstanden – sie sind euch wichtig. Natürlich liegen diesen Wünschen auch Probleme zugrunde, in diesem Fall die Klimakrise. Bevor ihr Ideen zum Klimahandeln entwickelt, solltet ihr aber das Problem erforschen und dann glasklar definieren. Bitte verzettelt euch dabei aber nicht!

Denn die Ideengenerierung ist sehr wichtig. Kreative Lösungsideen zum Problem entwickeln, das ist ein wichtiger Schritt im Design Thinking. Berücksichtigt dabei eure, aber auch andere Blickwinkel. Wie können diese Ideen das Problem lösen? Dazu könnt ihr auch eine Mindmap oder eine Concept Map entwickeln.

Das war's dann? Nein, holt euch noch Rat zu euren Ideen. Vielleicht könnt ihr etwas verbessern. Gelungenes Abgucken und Aufgreifen ist absolut erlaubt, natürlich auch das Neuzusammenstellen einzelner guter Ideen von anderen. Das Meinungsbild weiterer Personen und Mitstreiter kann euch auch in eurem Tun bestärken. Dann seid ihr schon kurz vor der Lösung, dem Klimahandeln.

Das Design Thinking sieht hier zunächst noch das Prototyping vor, in dem normalerweise Prototypen, also Modelle einer Produktidee entwickelt werden. Hier dürfte für euch eher das Mind-Prototyping in Frage kommen, indem ihr beispielsweise eure Ideen im Rahmen eines Rollenspiels durchleuchtet (z. B. Wie könnten Lehrer*innen/Schulleitung auf den Vorschlag reagieren, eine Solaranlage auf das Schuldach zu setzen?). Das würde euch helfen, den Ernstfall, also die Vorstellung und Erörterung eures Vorhabens im Lehrer*innenkollegium, zu meistern. Genauso kann auch ein visuelles Prototyping (z. B. Fotocollagen zu einer begrünten Wand eures Schulgebäudes) helfen, Unterstützer*innen für euer Projekt der Begrünung von Fassaden zu gewinnen.

Der letzte Schritt im Design Thinking ist dann das Testen. Kommt euer Informationshandeln via Podcast, Flyer oder Ausstellung wirklich an? Welche Reaktionen stellt ihr fest, wenn ihr eine versiegelte städtische Fläche begrünt? Sammelt erst einmal Feedback in einem Probedurchlauf und reflektiert dieses. Nutzt die Methode oder einzelne Schritte des Design Thinkings, um das Gelingen eures Klimahandelns zu gewährleisten.

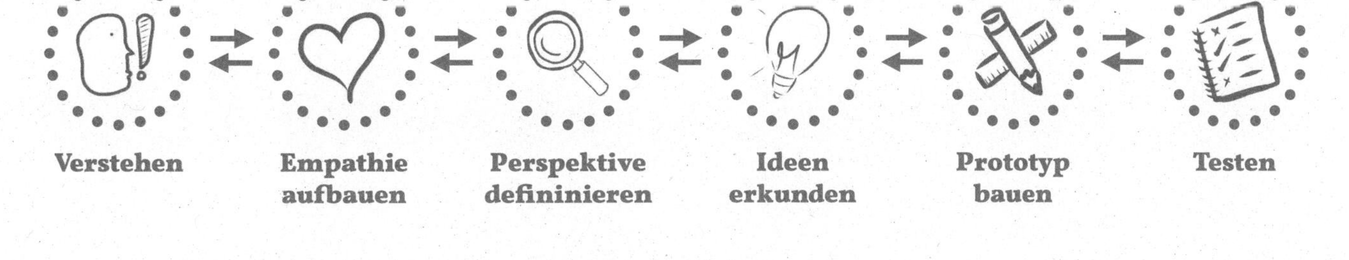

Wir schließen uns zusammen

Je größer das „Wir" ist, umso mehr können wir bewegen. Daher lohnt es sich, nach Unterstützer*innen zu suchen, die das Gleiche wollen oder ähnliche Ideen bzw. Ziele verfolgen. Das Gute ist, dass diese oft ganz in der Nähe zu finden sind. Denn dort gibt es bestimmt weitere Menschen und Organisationen, die sich für das gleiche Thema interessieren oder sich bereits sogar engagieren. Je größer die Wirkmöglichkeiten der Gruppe sind, umso mehr Fähigkeiten sind vorhanden und umso mehr können wir erreichen.

Daher ist es ganz wichtig, möglichst viele unterschiedliche Unterstützer*innen zu finden, mit denen wir uns zusammenschließen können. Hier hilft natürlich auch eine Recherche, wer alles in Frage kommen kann. Auch das Weitererzählen von unserer Suche kann neue Kontakte einbringen. Von daher verbreiten wir unsere Ideen und vor allem die Suche nach Partner*innen in unserem Freundes- und Bekanntenkreis. Je mehr Menschen wir darüber informieren, umso größer ist die Chance, Erfolg zu haben.

In eurem Ort gibt es bestimmt viele Möglichkeiten. Wer könnte euch weiterbringen? Die Stadt- bzw. Gemeindeverwaltung, NGOs (Nichtregierungsorganisationen), andere Bildungseinrichtungen wie Universitäten oder Fachhochschulen, Unternehmen, Kirchen, Organisationen wie Fridays for Future, Politiker*innen sowie andere Entscheidungsträger*innen, Presse- und Medienvertreter*innen ... Die Auswahl ist groß. Oft gilt: Je näher die Einrichtung ist, umso größer die Motivation. Das Wichtigste ist auf jeden Fall: Habt Mut und startet mit der Suche! Denn oft kennt dann doch wieder jemand eine andere Person, die weiterhelfen kann usw.

Kontaktaufnahme

1. Schritt: Anfrage schicken

Für die Kontaktaufnahme gibt es verschiedene Wege. Oft ist es hilfreich, wenn wir zunächst eine schriftliche Anfrage schicken – per Mail oder via Social Media.

Wichtig ist hierbei, dass wir unser Anliegen deutlich machen – und zwar so knapp wie möglich und so ausführlich wie nötig. Vor allem sollten wir erläutern, wie uns die Person oder Einrichtung unterstützen könnte.

Je klarer wir unsere Wünsche formulieren, umso leichter wird es unserem Gegenüber fallen zu entscheiden, ob und wie eine Unterstützung erfolgt. Damit die angeschriebene Person uns überhaupt antworten kann, müssen wir natürlich auch Kontaktdaten angeben.

Für die Korrektur der Rechtschreibung in der Mail können wir KI-Angebote wie Chat-GPT oder Languagetool nutzen.

In vielen Fällen werden wir auf unsere schriftliche Anfrage keine Antwort erhalten. Das liegt nicht unbedingt an unserem Anliegen oder unserer Anfrage, sondern daran, dass viele Menschen und Einrichtungen so viele Anfragen erhalten, dass sie nicht auf alle antworten können.

Betreff: Anfrage Klimahandeln

Sehr geehrte Damen und Herren,

wir sind ... und gehen in die Klasse ... der ... (Schulname).
Wir haben eine Idee zum Klimahandeln, nämlich ... (kurze Beschreibung).

Dabei möchten wir sehr gerne mit Ihnen zusammen klimahandeln und zwar ... (möglichst genaue Beschreibung).
Sie können uns per Mail oder telefonisch unter ... erreichen.

Wir freuen uns auf Ihre Antwort.

Viele Grüße
...

2. Schritt: Anrufen

Falls wir keine Antwort bekommen, haben wir mehrere Möglichkeiten:

- Wir können eine weitere schriftliche Anfrage per Mail oder Social Media schicken. Die Erfolgsaussichten sind hier eher gering.
- Wir können dort anrufen – sofern wir im Kontakt oder im Impressum eine Telefonnummer finden. Bevor wir das machen, sollten wir uns unbedingt vorher überlegen, was wir sagen wollen. Die Wahrscheinlichkeit ist gerade bei Unternehmen oder Einrichtungen hoch, dass wir zunächst im Geschäftszimmer bzw. Sekretariat landen. Hier sollten wir versuchen, kurz und knapp unser Anliegen vorzubringen. Dabei lohnt sich ein Hinweis auf unsere schriftliche Anfrage. Für den Erfolgsfall sollten wir uns bereits vorher mögliche Termine für ein Gespräch überlegt haben.

Guten Tag, wir sind ... und gehen in die Klasse ... der ... (Schulname).

Wir hatten Ihnen bereits am ... eine Mail geschrieben, aber leider noch keine Antwort erhalten.

Wir haben eine Idee zum Klimahandeln, nämlich ... (kurze Beschreibung).
Dabei möchten wir sehr gerne mit Ihnen zusammen klimahandeln und zwar ... (möglichst genaue Beschreibung)

Können Sie uns da weiterhelfen?

Wissen Sie, wer uns da weiterhelfen kann?

Wichtig: Generell gilt bei der Kontaktaufnahme: Hartnäckig bleiben! Schließlich wollen wir ja andere Menschen für etwas begeistern.

Startvorbereitungen

Bevor wir zum Klimahandeln kommen, informieren wir alle Teammitglieder über die Zusammenstellung unseres Teams. Idealerweise haben wir eine digitale Arbeitsplattform, auf die alle Teammitglieder Zugriff haben und über die wir uns gemeinsam austauschen können.

Für die Terminfindung gibt es verschiedene Anbieter wie Doodle, die kostenlos nutzbar sind. Mit einem gemeinsamen Starttermin können wir beginnen.

#WirKLIMAHANDELN!

Wir klimahandeln gemeinsam! Und wir klimahandeln jetzt!

Gemeinsam als Verbündete sind wir stärker. Und unser Klimahandeln ist nicht nur sehr wichtig, sondern auch dringlich!

Unser Klimahandeln kann aus einer von vier Formen des Klimahandelns bestehen. Welche Form des Handels wollen wir anstreben? Die Klarheit darüber hilft uns bei der konkreten Umsetzung. Meistens dominiert tatsächlich eine der Formen in unserem Klimahandeln. Manchmal kann unser Klimahandeln aber auch aus einem Mix verschiedener Formen bestehen.

1 Informationshandeln

Mit unserem Klima-Informationshandeln können wir ein Klimathema – egal, ob es um Klimaschutz, Klimaanpassung oder Klimagerechtigkeit geht – bekannter machen. Wir können unsere Besorgnis zum Ausdruck bringen, als Teil einer sich um die Zukunft kümmernden Gesellschaft auftreten. Wir können für ein gemeinschaftlich verantwortliches Klimahandeln sensibilisieren und motivieren.

Beispiele:

- Verfassen eines Posts auf Social-Media-Kanälen
- Erstellen eines Podcasts
- Erstellen eines Informationsfilms (wie es viele Influencer*innen vormachen)
- Verfassen eines Beitrags für die Schulhomepage
- Erstellen von Plakaten, Flyern
- Informieren von Mitmenschen (Mitschüler*innen, Eltern, Nachbarschaft)
- Informieren von Entscheidungsträgern als Start eines Austausches/Dialogs.

2 Alltagshandeln

Um mit gutem Beispiel voranzugehen und andere zu inspirieren, spielt unser Alltagshandeln eine wichtige Rolle. Das Alltagshandeln für Klimaschutz, Klimaanpassung und Klimagerechtigkeit kann sich dabei zum Beispiel auf unser Zuhause, auf unseren Freundeskreis, auf die Schule oder unsere Freizeit beziehen. Wir wollen mit unserem Klima-Alltagshandeln authentisch wirken und als Vorbilder gelten. Wichtig: Jedes Klimahandeln hat Auswirkungen – hier und woanders auf unserem Planeten.

Beispiele:

- sparsamer Umgang mit Ressourcen, die Treibhausgasemissionen zur Folge haben
- klimafreundliche Ernährung
- Kauf von regionalen und nachhaltig produzierten Lebensmitteln
- bewusster Verzicht auf Konsum
- Nutzung des Fahrrads oder des ÖPNV
- Mitwirkung in der Gestaltung eines klimaneutralen (Schul-)Alltags.

Partizipationshandeln

Wir leben in einer sehr komplexen Lebenswelt, die durch den Klimawandel bedroht ist. Noch können wir durch unser Klimahandeln die große Gefährdung der Lebenswelt für uns und die folgenden Generationen in Grenzen halten.

Die Sichtweisen vieler unserer Mitmenschen in Bezug auf die Notwendigkeit des Klimahandelns sind jedoch leider unterschiedlich. Unsere demokratische Grundordnung gibt uns aber vielfältige Möglichkeiten, uns zusammenzuschließen und damit wirkungsvoller zum Beispiel die politischen Entscheidungsträger für ein Klimahandeln zu gewinnen. Sowohl die Möglichkeiten als auch die Chancen unserer Mitwirkung, unserer Partizipation an politischen und gesellschaftlichen Entscheidungsprozessen für eine effektives Klimahandeln sind groß.

Beispiele:

- aktive Beteiligung in einer NGO
- aktive Teilnahme in Jugendparlamenten der Gemeinden und Städte, damit Strategien zur Klimaanpassung und Klimaneutralität greifen können
- konstruktive Kontaktaufnahme und Klimadialog mit Unternehmen

Jugendengagement

Greta Thunberg hat sich jeden Freitag mit einem Pappschild vor das schwedische Parlament gestellt, um auf die Klimakrise aufmerksam zu machen. Viele folgten ihr und schlossen sich der Jugendbewegung „Fridays for Future" an. Was für eine Kraft und was für eine Wirkung das Handeln von jungen Menschen haben kann, ist seitdem allen klar.
Jugendengagement ist für eine generationengerechte Gesellschaft grundsätzlich sehr bedeutend, da Entscheidungsträger meist älter sind und die Jugend unterrepräsentiert ist.

Beispiele:

- Planung und Durchführung einer Veranstaltung zu Klimaschutz, Klimaanpassung, Klimagerechtigkeit mit Blick auf die ältere Generation
- Anmeldung und Durchführung einer Demonstration für euer Recht auf eine lebenswerte Zukunft
- Gründung einer Initiative, eines Vereins oder aktive Mitwirkung als Jugendgruppe in Klima-NGOs

Vorplanung mit W-Fragen

Eine Vorplanung hilft, um gemeinsam in unserem neuen Team mit unseren Partner*innen ein Projekt gut zu planen. Anhand von zehn W-Fragewörtern können wir uns und unsere Ideen sowie Erfahrungen gegenseitig kennenlernen. Anschließend helfen uns die W-Fragen, um gemeinsame Rahmenbedingungen zu klären.

Die hier aufgeführten W-Fragen sind als Anregung zu verstehen. Weitere lohnende Fragen können ergänzt werden. Die gemeinsamen Antworten des Teams visualisieren wir für alle sichtbar und halten sie für den weiteren Projektverlauf fest.

Wer
sind wir?

Wohin
sollen unsere Aktivitäten führen? Welche Ziele verfolgen wir?

Warum
wollen wir etwas tun? Welche Probleme und Missstände sehen wir? Welchen Bedarf wollen wir abdecken?

Wie
wollen wir arbeiten? Welche Arbeitsformen, Methoden und Vorgehensweisen sind angemessen? Welche Kooperationspartner brauchen wir?

⇨ methodische Umsetzung

Was
wollen wir tun? Welche Leistungen können/wollen wir erbringen? Welche Veranstaltung wollen wir durchführen und welches Programm anbieten?

⇨ Projektbeschreibung

Wo
soll das Projekt stattfinden? An welchen Standorten und in welchem Umfeld soll es realisiert werden?

⇨ Wirkungsbereich

Für wen
und mit wem gemeinsam wollen wir etwas tun?

⇨ Zielgruppe

Womit
wollen wir arbeiten? Welche sachlichen und finanziellen Mittel brauchen wir?

⇨ Kosten- und Finanzierungsplan

Durch wen
soll die Arbeit geschehen? Können wir die gesamte Arbeit in unserem Team verteilen oder brauchen wir personelle Unterstützung und wenn ja, wie viele? Welche Kompetenzen haben/brauchen diese Menschen?

⇨ personelle Ressourcen

Quelle: Siemens Stiftung und Freudenbergstiftung 2017, München, S. 4 (https://medienportal.siemens-stiftung.org/)

Beispiele:

Wer sind wir?

Hier nehmen wir uns Zeit, um uns alle kennenzulernen und damit auch ein Teamgefühl entsteht. Ein Stuhlkreis oder ein bewusstes Mischen der anwesenden Gruppen kann für eine gute Atmosphäre sorgen. Auch Kennenlernspiele – vielleicht sogar passend zum Projekt – können hilfreich sein.

Wie wollen wir arbeiten?

Hier schauen wir, welche Erfahrungen jede und jeder aus unserem Team mitbringt. Es ist lohnend, wenn wir gemeinsam überlegen und entscheiden, welche Arbeitsformen, Methoden und Vorgehensweisen wir in unserem Projekt benutzen wollen.

Wie sieht unser Plan aus?

Bevor wir loslegen, sollten wir einen möglichst genauen Plan aufstellen. Zuerst bestimmen wir alle Teilaufgaben (TA) bzw. Teilziele. Diese lassen sich in verschiedene Aufgabenfelder oder Arbeitspakete (AP) untergliedern.

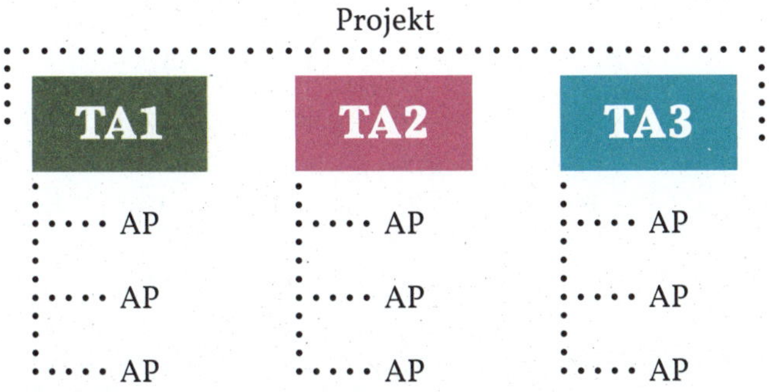

Projektübersicht

Beispiel:

Wir wollen eine Posterausstellung gestalten und umsetzen. Mögliche Teilaufgaben könnten dann sein: Postererstellung, Finanzierung und Planung.

Zur Teilaufgabe „Postererstellung" gehören dann vielleicht folgende Arbeitspakete: Gestaltung des einheitlichen Layouts, Recherche des Materials (Text und Abbildungen), Fertigstellung der Plakate, Überprüfung der formalen Kriterien (Quellen, Rechte etc.).

Für die Teilaufgabe „Finanzierung" können es dann diese Arbeitspakete sein: Kostenanfrage bei Druckereien, Gewinnen von Unterstützern (z. B. Schule, Stadt, Unternehmen).

Danach verteilen wir die Aufgaben ganz konkret. Dazu helfen folgende Fragen:

- Wann wollen bzw. müssen wir fertig sein? (Planung vom Ende)
- In welcher Reihenfolge wollen wir die einzelnen Teilaufgaben erledigen?
- Bis wann müssen die einzelnen Teilaufgaben fertig sein?
- Für welche Teilaufgaben ist die Fertigstellung vorheriger Teilaufgaben notwendig?
- Wer macht welche Teilaufgaben?

Beispiel:

Um das Teilziel „Postererstellung" umzusetzen, müssen zuerst die Gestaltung des einheitlichen Layouts und die Recherche des Materials abgeschlossen sein, bevor die Fertigstellung der Plakate möglich ist. Erst wenn die Plakate fertiggestellt worden sind, können die formalen Kriterien überprüft werden.

Die Antworten auf diese Fragen und die gegenseitigen Abhängigkeiten der Arbeitspakete und Teilaufgaben lassen sich übersichtlich mithilfe eines sogenannten GANTT-Diagramms darstellen. So können wir aus den Aufgabenfeldern einen gemeinsamen Zeitplan erstellen, der dann für alle aus unserer Gruppe zugänglich ist.

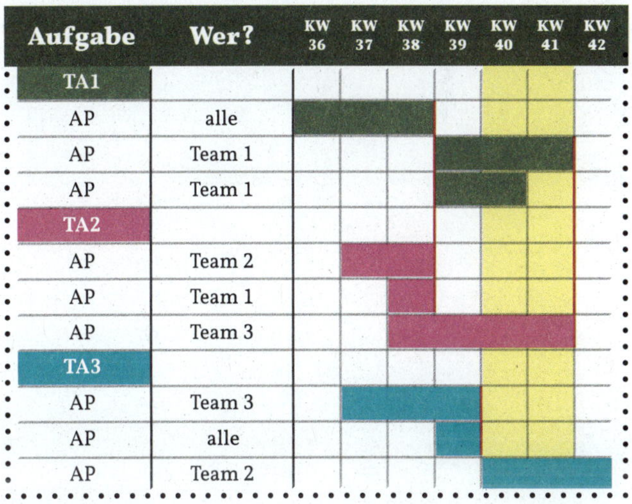

GANTT-Diagramm (benannt nach seinem Entwickler Henry Gantt)

Die roten Linien visualisieren Fristen, die sogenannten Meilensteine. Bis dahin müssen wir die angegebenen Arbeitspakete umgesetzt haben, damit die nächsten Arbeitspakete beginnen können. Diese Meilensteine sind für die Umsetzung unseres Projektes ganz wesentlich. Sie werden in der Regel nicht verschoben, da sonst der gesamte Zeitplan nicht einzuhalten ist.

Daher nehmen wir uns für die Aufstellung des Zeitplans ausreichend Zeit und planen auch einen Puffer ein, damit Zeitverzögerungen bei einem Arbeitspaket nicht gleich Zeitverzögerungen für das gesamte Projekte bedeuten.

Wie Klimahandeln funktionieren kann: Die Klima-Taskforce Nürtingen – eine Initiative von Clara Schweizer

Clara Schweizer setzt sich seit ihrem 13. Lebensjahr – inspiriert durch Greta Thunberg – für Klimaschutz ein. Mit 14 Jahren wird sie Mitglied im Jugendrat ihrer Heimatgemeinde Nürtingen in Baden-Württemberg.

Clara, für welche Idee brennst du?

Die Kommunen sollen laut baden-württembergischem Klimaschutzgesetz bis 2040 klimaneutral sein. Das ist jedoch viel zu spät, um das 1,5 Grad Ziel noch irgendwie erreichen zu können. Deshalb möchte ich meinen Beitrag mit der Klima-Taskforce leisten.

Mit wem hast du dich in der Klima-Taskforce zusammengeschlossen?

Gemeinsam mit kommunalen Akteur*innen aus der Wirtschaft, dem Gemeinderat, der Stadtverwaltung, der Zivilgesellschaft, der Wissenschaft und der Bildung entwickeln wir konkrete Handlungspläne zur Umsetzung von nachhaltigen, politischen und praktischen Klimaschutzmaßnahmen. Durch dieses neu geschaffene Netzwerk verbessern wir den Informationsfluss zwischen den verschiedenen Akteur*innen. Wir stellen gemeinsam mit den Expert*innen notwendiges Fachwissen bereit, damit möglichst alle Akteur*innen ihrer Verantwortung gerecht werden und konsequenten Klimaschutz betreiben können.

Wie handelt die Klima-Taskforce ganz konkret?

Wir packen die Energiewende in Nürtingen an. Nachdem wir diesen Januar [2023] mit unserer Reihe von Photovoltaik-Informationsveranstaltungen mit der Veranstaltung „Solar im Roßdorf" gestartet sind, sind im Nachgang viele Bürger*innen mit Fragen zum Thema „Balkonkraftwerke" auf uns zugekommen. Aus diesem Grund haben wir die Veranstaltung „Solar im Roßdorf" erneut in Kooperation mit dem Bürgerausschuss Roßdorf ins Leben gerufen – dieses Mal als Balkonkraftwerke-Edition. Vergangenen Dienstag haben wir nun alle Fragen zu dem Thema „Balkonkraftwerke" und rund um die Wirtschaftlichkeit der Module, dem Anbau am Balkon, den Regulationen sowie Maßgaben von den Hausgemeinschaften in den Hochhäusern beantwortet. Wir haben jedoch nicht nur informiert und diskutiert, sondern darüber hinaus Balkonkraftwerke vor Ort ausgestellt. Hoffentlich werden ganz bald zahlreiche Balkonkraftwerke im Roßdorf funkeln.

Quelle: zusammengestellt nach: JoinPolitics gGmbH: Die Kommune als Ort des Wandels. Clara Schweizer, Gründerin der Klima Taskforce Nürtingen. Berlin, 2023 (https://www.joinpolitics.org/steckbriefe/clara-schweizer) (1. Frage; gekürzt) und Klima-Taskforce e. V., Nürtingen, 2023 (https://klima-taskforce.de/) (2. Frage) und Klima-Taskforce e. V.: Wir packen die Energiewende in Nürtingen an. Nürtingen, 21.03.2023 (https://klima-taskforce.de/wir-packen-die-energiewende-in-nuertingen-an/) (3. Frage; gekürzt)

Klima-Taskforce

Wir feiern!

Ja, wir haben allen Grund zum Feiern!

Wir als Team haben uns ganz bewusst für unsere Zukunft eingesetzt. Die Zeit der Vorbereitung, die Durchführung, ggf. sogar Rückschläge und dann der Erfolg für unsere gemeinsame Zukunft – all das hat uns zusammengeschweißt. Ein möglichst klimaneutrales Fest zum Ausklang markiert ein schönes und bewusstes Ende des Projektes. Und wir sollten die Öffentlichkeit über unser Projekt informieren.

Wir tragen unser Projekt weiter

Wir können mit unserem Projekt andere Menschen zum Klimahandeln inspirieren. Macht euer Klimahandeln also bekannt über die örtliche Presse, über Posts auf Social-Media-Kanälen, Podcasts oder spezielle Veranstaltungen in der Schule, im Verein, in der Nachbarschaft usw. Das ist wichtig, denn es geht auch darum, soziale Kipppunkte zu erreichen, dass also immer mehr Menschen klimahandeln und Klimahandeln in unserer Gesellschaft selbstverständlich wird.

Anlässe für eine Klimafeier

- Abschluss einer Aktion zum Klimahandeln an der Schule
- Solarfeier anlässlich der Einweihung der neuen Solaranlage
- Quartiersfest anlässlich einer Begrünungsaktion
- im Anschluss an einen Carrotmob (www.carrotmob-macht-schule.de)
- ...

Klimafreundlich feiern – geht das? Natürlich!

- Nutzt Fahrräder oder öffentliche Verkehrsmittel zur Anreise.
- Ein No-No: Einwegbesteck, Plastikteller oder -gläser.
- Bastelt eine nachhaltige Deko.
- Checkt die Location, ob die Energieversorgung nachhaltig ist.
- Denkt an nachhaltige regionale Speisen und Getränke.
- Verbindet das Feiern mit einer Spendenaktion, um die Restemissionen zu kompensieren (z. B. „Plant a tree").

Song: Wann, wenn nicht jetzt
(Rio Reiser Cover 2021)

Kapitel 3:
#WirKLIMAHANDELN!

Liebe Leser*innen,

#WirKLIMAHANDELN! – Nun wird es ganz konkret – und das mit Blick auf alle Unterziele des SDG 13! Viele Gesichter des Klimahandelns machen neugierig und inspirieren uns für ein Klimahandeln, das auf Klimaanpassung, Klimaschutz oder Klimagerechtigkeit abzielt.

Wir machen uns nun auf den Weg, erforschen Sachverhalte und Hintergründe zum SDG 13, indem wir dazulernen und recherchieren. Genau hierzu gibt es viele Impulse und auch Tipps, mit wem wir uns beim Klimahandeln zusammenschließen können.

Wie können unsere Ideen und unser tatsächliches Handeln zum SDG 13 denn aussehen? Im Folgenden gibt es dazu nicht nur interessante, sondern auch nachahmenswerte Ideen, darüber hinaus Erfolgsgeschichten, die uns viel Mut machen.

#WirKLIMAHANDELN!
Lasst es uns anpacken!
Es ist noch nicht zu spät!
Aber es wird höchste Zeit!

Theresia, Stefan & Wilfried

SDG 13.1
Klimaanpassung

Wir werden neugierig!

Im Winter 2009 besuchte die niederländische Filmemacherin Marjan de Blok ein nachhaltiges Wohnboot mit Solarpaneelen mit dem Namen GeWoonboot. Die besondere Atmosphäre in unmittelbarer Wassernähe machte sie neugierig. Gleichzeitig war sie mit ihrem damaligen Lebensstil nicht zufrieden. Sie arbeitete viel, hatte wenig Zeit für ihren Freundeskreis und kaufte oft Dinge, die sie eigentlich gar nicht brauchte. Kurzum, sie war von ihrem gegenwärtigen Leben erschöpft. Diese Unzufriedenheit wurde ihr bei dem Besuch von GeWoonboot bewusst.

Daraus erwuchs die Idee von einer energieneutralen und zirkulären Siedlung solcher Wohnboote. Marjan de Blok fragte ihre Freund*innen, ob sie mitmachen würden. Die positiven Rückmeldungen überraschten de Blok. Bei 120 Personen hörte sie mit dem Nachfragen auf. Von außen betrachtet mag diese Resonanz weniger überraschen. Die Niederlande liegen zu einem Drittel unter dem Meeresspiegel und zwei Drittel sind schon jetzt von Überschwemmungen bedroht. Schwimmende Häuser sind zudem eine weit verbreitete Reaktion auf den steigenden Meeresspiegel. Gleichzeitig legte Marjan de Blok auch viel Wert auf Nachhaltigkeit. Zusammen mit Thomas Sykora und dem Architekten Sascha Glasl entwickelte sie ein Modell einer autarken und genossenschaftlichen

Marjan de Blok

Siedlung auf dem Wasser. Der Name „Schoonschip" bedeutet passenderweise so viel wie „sauberes Schiff", aber auch „reinen Tisch machen".

Tatsächlich leben die aktuell 144 Menschen auf Schoonschip mit 516 Solarpaneelen und 30 Wärmepumpen nicht nur sehr sozial, sondern kreislaufwirtschaftlich und somit autark. Alle haben ein Manifest unterschrieben, die nachhaltigen Ziele auch stets umzusetzen. Schoonschip gilt daher als das nachhaltigste schwimmende Wohnviertel Europas und weckt weltweit Interesse. Sogar Prinz Harry war schon da.

So kann Schoonschip als Vorbild wirken für die über 600 Millionen Menschen, die am oder in der Nähe des Wassers leben und bereits von der Klimakrise betroffen sind. Marjan de Blok hofft, dass eines Tages alle die Möglichkeit haben werden, auf und vom Wasser zu leben.

Leben auf dem Wasser als Klimaanpassung: die Siedlung Schoonschip in Amsterdam

Bäume sind die Voraussetzung für Leben. Diese Erkenntnis hatte Neema Namadamu bereits als Kind. Sie schwärmt von den vielen Tieren und Pflanzen, die damals in der Demokratischen Republik Kongo zu sehen waren. Gleichzeitig stellten die Tiere eine sichere Nahrungsquelle für die Menschen dar. Das hat sich mittlerweile geändert.

Daher ist die Friedensanwältin und Aktivistin für Frauen- und Behindertenrechte auch längst vom Wissen zum Handeln gekommen. Und sie ist nicht allein. Sie gründete die Organisation „Hero Women Rising" mit dem Ziel, 1200 Quadratkilometer wieder aufzuforsten, das ist ein Fünftel des Itombwe-Regenwalds. Über 200 000 Bäume haben die Frauen der Organisation bereits gepflanzt – und zwar mit den eigenen Händen.

Bäume sorgen für Schatten und für Feuchtigkeit, beides ist sehr wichtig im Sinne der Klimaanpassung. Denn die Folgen der globalen Erwärmung sind in Afrika besonders stark zu spüren. Gerade der Ostkongo ist sehr anfällig. Die meisten Menschen leben in einfachen Häusern ohne Strom oder Klimaanlagen. Extremwetterereignissen wie Stürmen oder Dürren ist die Bevölkerung nahezu schutzlos ausgeliefert.
Dennoch gibt es zahlreichen Widerstand gegen das Bäumepflanzen: Aufgrund des Rohstoffreichtums tummeln sich in der Region Goldsucher, illegale Holzfäller und bewaffnete Banden. Selbst den Vereinten Nationen gelingt es nicht, das Gebiet zu kontrollieren. Aber Neema Namadamu lässt sich nicht von ihrem Klimahandeln abbringen. Sie sieht in ihrer Initiative auch ein wichtiges Mittel, um ein neues Bewusstsein für vorhandenen Lebensraum und die eigene Verantwortung zu entwickeln. Anscheinend mit Erfolg, denn immer mehr Menschen vor Ort haben verstanden, wie wichtig es ist, dass keine Bäume mehr abgeholzt werden.

Neema Namadamu

Bäume pflanzen als Klimaanpassung: Frauen bei ihrer Arbeit am Rande des Itombwe-Nationalparks

Wir lernen dazu!

Was ist Klimaanpassung?

Quelle: KEM & KLAR! Graz-Umgebung Nord, 2023

Welche Maßnahmen zur Klimaanpassung gibt es?

Überflutungen, Hochwasser

- Flüsse und Auen renaturieren
- Regenwasserbewirtschaftung in Siedlungsgebieten verbessern
- mehr Hochwasserschutz: Hochwassergefahrenkarten, Nationales Hochwasserschutzprogramm, Bundesraumordnungsplan Hochwasser

Vorsorge für Risikogruppen (z. B. ältere Menschen und Kinder)

- Förderprogramm „Klimaanpassung in sozialen Einrichtungen"
- Weiterbildungsmaßnahmen im Sozial-, Gesundheits- und Pflegebereich zu speziellen Aspekten des Klimwandels
- Gesundheits- und Umweltmonitoringsysteme

Extremwetter: Dürre, Hitze, Starkregen

- Finanzielle Förderung für: mehr kühlende Stadtnatur, Hitzeaktionspläne, Frischluftschneisen in Städten und weitere innovative Maßnahmen zur Klimaanpassung
- Wasserstrategie legt fest, welche Nutzung (Trinkwasser, Landwirtschaft ...) Priorität hat
- Waldklimafonds: klimaresistente Wälder und Moore erhalten
- klimarobuste Wälder im Bundesforst schaffen

Übergreifende Maßnahmen

- Zentrum KlimaAnpassung berät Kommunen
- Klima-Schadenskataster: Prognosen von Schäden und Kosten
- „Klimawirkungs- und Risikoanalyse 2021", „Monitoringbericht 2020", 2. Fortschrittsbericht der Bundesregierung zur Klimaanpassung nebst Aktionsplan Anpassung mit 180 konkreten Maßnahmen

Zusammenarbeit verbessern

- Zentrum KlimaAnpassung vernetzt Kommunen
- Wettbewerb „Blauer Kompass": Auszeichnung innovativer Projekte
- UBA-Tatenbank: Erfahrungsaustausch mit Kommunen
- Deutsches Klimavorsorgeportal (KLiVO-Portal)
- Finanzierung von Klimaanpassung als Daueraufgabe von Bund und Ländern

Quelle: Bundesumweltministerium, 2021

Wir recherchieren!

Klimaanpassung – Globale Erwärmung und Gesundheit

Aufgrund der zunehmenden Extremwetterereignisse nimmt auch die Zahl der Hitzetoten zu. Allein in den Jahren 2018–2020 gab es in Deutschland etwa 20 000 Hitzetote. Klimaanpassung bedeutet daher auch Gesundheitsschutz. Wie können wir uns an die extremeren Bedingungen anpassen?
Lohnende Hinweise liefert die Stiftung „Gesunde Erde – Gesunde Menschen".
Der zusammenfassende Bericht des UN-Weltklimarats IPCC von 2023 zeigt eindrucksvoll, wie sich eine zunehmende globale Erwärmung auf die Gesundheit auswirken wird.

Wie gelingt Klimaanpassung in Städten?

Das Prinzip einer Schwammstadt

Die Schwammstadt ist eine Möglichkeit, auf die Herausforderungen Hitze und Starkregen in der Stadt zu reagieren. Die Idee: Die Oberfläche der Stadt soll in Zeiten des Wasserüberschusses (etwa nach Starkregen) wie ein Schwamm das Wasser speichern, um es in Hitzeperioden wieder abzugeben. Durch die dadurch bedingte Verdunstung über Boden und Vegetation wird die Luft gekühlt.

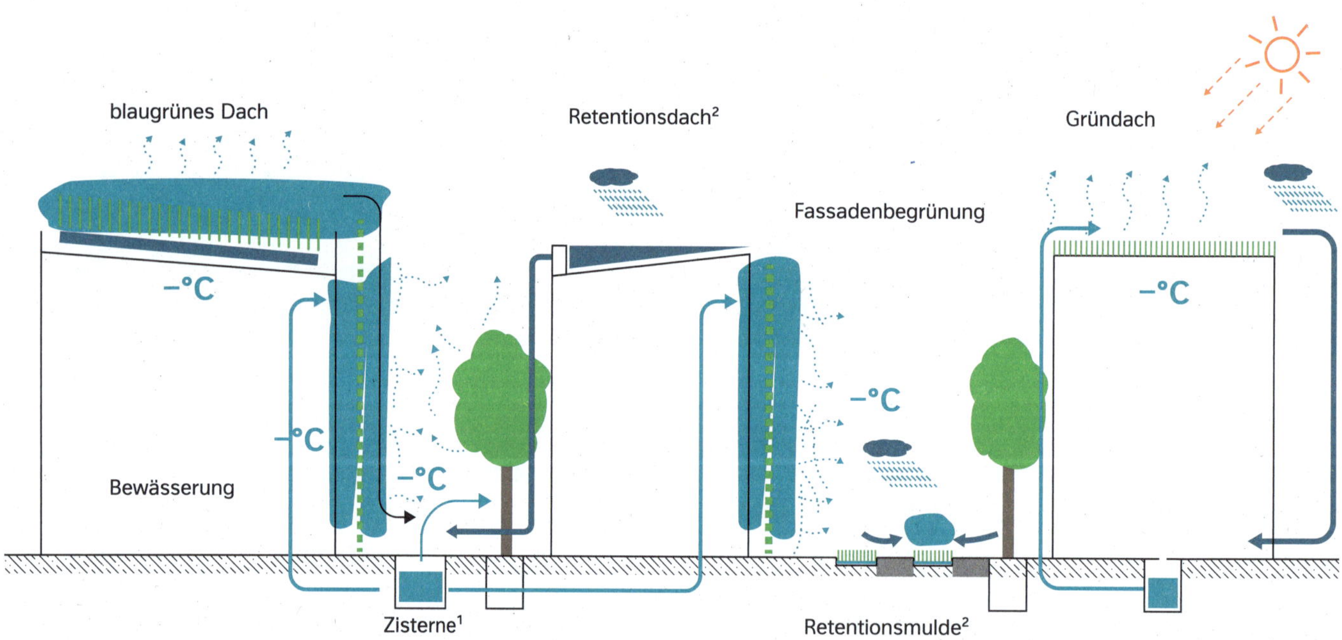

47415EX © Westermann

[1]unterirdischer Sammelbehälter für Wasser, [2]vorübergehende Speicherung von Niederschlag, um ihn von dort kontrolliert weiterzuleiten

Prinzip Schwammstadt: Regenwasserbewirtschaftung, Rückhaltung und Kühlung wirken systemisch zusammen
Quelle: bgmr Landschaftsarchitekten, 2023

Beispiel Schwammstadt: Rummelsburger Bucht in Berlin (Audio, 5:38 min)

Wir entwickeln Ideen!

Lokale Klimaanpassung auf dem Schulgelände und in der Schulumgebung

Klimaanpassung lässt sich am besten vor Ort gestalten – auf dem Schulgelände, aber auch in eurer Schulumgebung, eurem Kiez.

Ideenübersicht

Hitzeangepasste Stadt:

Durchlüften | **Verschatten** | **Rückstrahlen** | **Begrünen** | **Verdunsten** | **Wohlfühlen**

Wassersensible Stadt:

Versickern | **Speichern** | **Rückhalten** | **Leiten** | **Schützen**

Flächenentsiegelung

Viele Schulhöfe sind sehr stark versiegelt, das heißt, die natürliche Fläche ist überbaut worden. So kann Wasser schwer abfließen und Pflanzen können nur sehr schwer wachsen.

Schulhof des Aldegrever-Gymnasiums erhält durch Entsiegelung mehr Aufenthaltsqualität

Die Schülerinnen und Schüler des Aldegrever-Gymnasiums dürfen sich auf einen schöneren und vor allem grüneren Schulhof freuen. Anfang Oktober startet die Umgestaltung der Außenanlage, die bislang weitgehend aus einer asphaltierten Fläche besteht. Willkommener Nebeneffekt: Die teilweise Entsiegelung und neue Anpflanzungen wirken sich positiv auf das Stadtklima aus.

Die Zentrale Grundstückswirtschaft der Stadt Soest (ZGW) wird unter anderem rund 80 Quadratmeter versiegelte Schwarzdecke aufnehmen und durch wasssergebundene Decken und versickerungsfähiges Pflaster ersetzen. Insbesondere an den Randflächen sind Grüninseln geplant, in denen Gehölze, Hecken und Gräser wachsen. Ein Sitzrondell und neue Bänke sorgen für eine gute, einladende Aufenthaltsqualität im Schatten der vorhandenen Bäume.

Die Flächenentsiegelung und die Begrünung leisten einen Beitrag zur Verbesserung des Stadtklimas in diesem Bereich, weil sie neue Versickerungsmöglichkeiten für Niederschlagswasser schaffen und den Grünanteil im Stadtgebiet erhöhen. Die ZGW setzt damit den Weg fort, die Stadt durch viele Einzelmaßnahmen auf die Folgen des Klimawandels vorzubereiten und den Bildungsstandort Soest gemäß Schulentwicklungsplan durch die Weiterqualifizierung der Schulstandorte zu stärken.

Für die Neugestaltung des Schulhofes sind rund vier Wochen Bauzeit vorgesehen. Die Gesamtkosten liegen bei 100 000 Euro. Gefördert wird das Projekt durch das Land Nordrhein-Westfalen im Rahmen des Programms „Klimaresilienz in Kommunen".

Quelle: Stadt Soest, Soest, 20.09.2021 (https://www.soest.de/news/news-detail/schulhof-des-aldegrever-gymnasiums-erhaelt-durch-entsiegelung-mehr-aufenthaltsqualitaet)

Reduzierung von dunklen Flächen

Dunkle Flächen erwärmen sich deutlich schneller als helle. Viele Flächen in einer Stadt wie Straßen, Dächer oder auch größere Plätze wie Schulhöfe haben oft eine dunkle Oberfläche.

Positivbeispiel aus St. Petersburg, Florida (USA): Die weißen Dächer und Straßen sollen gegen Hitzewellen helfen.

Mehr Wasserflächen

Wasser kann Wärme aufnehmen. Was im Großen für die Ozeane gilt, trifft auch auf Seen oder Teiche zu. Über 90 % der Wärme wird aktuell von den Ozeanen aufgenommen. Ähnlich können auch kleine Wasserflächen zur Abkühlung beitragen. Zudem versickert bei Starkregen der Niederschlag auch schneller und es entsteht neues Grundwasser.

Mehr Trinkwasserspender

Trinken ist gesund. Gerade im Sommer ist die Flüssigkeitsaufnahme besonders wichtig. Oft fehlt es an ausreichend Trinkwasserspendern. Das lässt sich ändern. Schülerinnen und Schüler der Max-Planck-Schule in Kiel haben bei der Stadtverwaltung durchgesetzt, dass jede Kieler Schule einen weiteren Trinkwasserspender erhält. In anderen Ländern wie in Dänemark oder in den Niederlanden sind im öffentlichen Raum viel mehr Trinkwasserspender zu finden. Ergänzend dazu gibt es schuleigene Trinkflaschen.

Vermeidung von Wärmeinseln

Vor allem in Städten bilden sich im Sommer schnell Wärmeinseln. Das sind Bereiche, in denen Hitze entsteht, die kaum entweichen kann. Dies liegt oft an der höheren Bebauung in der Umgebung. Für Abhilfe können sogenannte Windbahnen sorgen. Hierfür müssen die Gebäude so angeordnet sein, dass möglichst oft und möglichst viel Wind wehen kann.

Verschattung/Verdunklung der Lernräume

Für zusätzliche Abkühlung sorgt die Vegetation auf dem Campus der French International School. 42 Bäume, ein mit Pflanzen bewachsener Zaun, mehrstöckige hängende Gärten und ein 550 Quadratmeter großer botanischer Garten bilden die Grünflächen, die ein natürliches Klima schaffen und den Schülern nebenbei Naturwissen vermitteln. Viele der Dachflächen sind ebenfalls üppig begrünt und dienen als passive Kühlung der Gebäude. [...]
Eine besondere Rolle im Nachhaltigkeitskonzept der Schule spielen auch die vielfältigen Brise Soleils, die an einigen der Fassaden zu finden sind. Jede Brise-Soleil-Fassade ist nach Norden oder Süden ausgerichtet, ihre Tiefe wurde entsprechend der Ausrichtung angepasst. Zudem sind die Auskragungen und Dachüberstände so geformt, dass die Fensterflächen mittags, wenn die Sonne steil einfällt, voll verschattet sind. Dahinter steckt die Idee, eine zu hohe Wärmebildung im Inneren der Gebäude zu vermeiden und gleichzeitig das Tageslicht optimal zu nutzen.

Quelle: Quente, Sabrina: Grüne Oase für Bildung. In: LICHT, 8/2020. Richard Pflaum Verlag, München (https://lichtnet.de/artikel/gruene-oase-fuer-bildung/)

Die Fassade der French International School in Hongkong (im Hintergrund Wohntürme)

Kartierung der Klimaanpassungsmaßnahmen und -möglichkeiten – uMap mit OpenStreetMap

Wie lassen sich bereits vorhandene Maßnahmen und Möglichkeiten zur Klimaanpassung sichtbar machen? Eine Möglichkeit ist das Erstellen einer digitalen Karte, in die Fotos, Abbildungen und Kommentare eingefügt werden können. Digitale Karten lassen sich gut mit anderen teilen und können gemeinsam überarbeitet werden.
Dies ist beispielsweise mit der Open-Source-Anwendung uMap möglich. Dazu nutzt uMap das Kartenmaterial von OpenStreetMap. Der große Vorteil dabei ist, dass es sich bei OpenStreetMap um eine freie Geodatenbank handelt, die weltweit allen Menschen zur Verfügung steht – ohne jegliche Linzenzgebühren. Für Schulen ist es zudem praktisch, dass uMap eine Web-Anwendung ist und somit kein Software-Dowload notwendig ist.

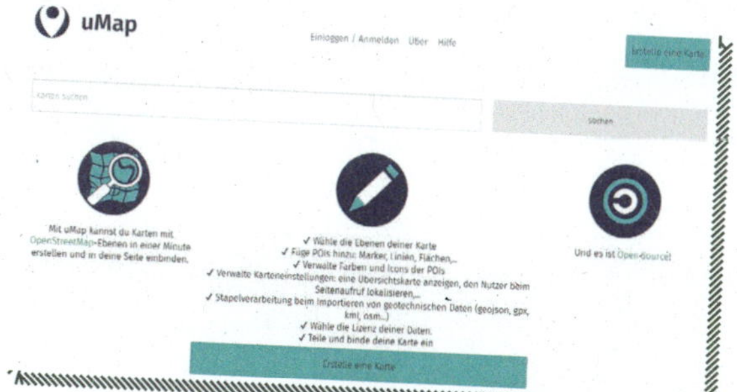

uMap: Open Street Map

Wir schließen uns zusammen!

An Maßnahmen zur Klimaanpassung können sich sehr viele Menschen beteiligen. Je größer und vielfältiger die Gruppe ist, umso mehr Fähigkeiten sind vorhanden, aus denen sich umso mehr Möglichkeiten ergeben. Gleichzeitig gibt es verschiedene Akteur*innen, die sich besonders auf die Klimaanpassung spezialisiert haben.

Zentrum KlimaAnpassung
beraten • vernetzen • gestalten

Das Zentrum KlimaAnpassung unterstützt Kommunen – Verwaltung, Politik und Aufgabenträger*innen – sowie weitere kommunale Akteur*innen und Träger*innen sozialer Einrichtungen bundesweit bedarfsgerecht bei der Initiierung von und bei dem Einstieg in die Anpassung an die Folgen des Klimawandels.

*Relevante Akteur*innen bei der kommunalen Klimaanpassung*
Quelle: Service & Kompetenzzentrum Kommunaler Klimaschutz: Akteure im kommunalen Klimaschutz erfolgreich beteiligen. Berlin 2017, S. 7

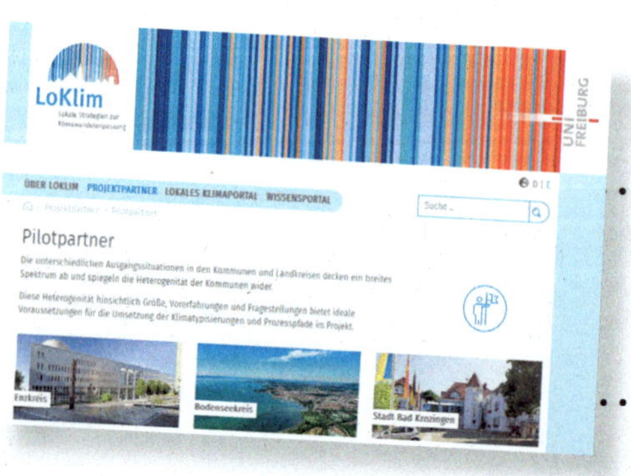

Beispiel: LoKlim – Lokale Strategien zur Klimawandelanpassung

#WirKLIMAHANDELN!

Retentionsraum Wasserplatz Benthemplein

Kaum eine Stadt ist so aktiv in Sachen Klimaanpassung wie Rotterdam in den Niederlanden. Das hängt auch mit den Gegebenheiten Rotterdams zusammen, da ein Großteil der Stadt unterhalb des Meeresspiegels liegt. Rotterdam ist mit vielen Projekten Vorreiter – getragen von dem Motto der Stadt „Make it happen!"

Beispielprojekt: Wasserplatz Benthemplein

Da ein Ausbau der Kanalisation nicht möglich ist, sollen extreme Niederschläge an der Stadtoberfläche zurückgehalten werden. Entsprechende Maßnahmen wurden für unterschiedliche städtische Situationen entwickelt. Die Überflutungsvorsorge soll dabei mit einer Aufwertung des öffentlichen Raumes und mehr Lebensqualität für die Menschen einhergehen. Multicodierte Regenplätze wie der Ende 2013 eingeweihte Benthemplein oder der ein Jahr zuvor fertiggestellte Bellamyplein im Stadtteil Spangen dienen bei Starkregen als Retentionsräume, zu allen anderen Zeiten als Freiräume. Der Benthemplein wird auch als Sportplatz genutzt.
Neben den Wasserplätzen sind Dachbegrünungen, Senken in Parks und Wasserkammern auf Tiefgaragendächern als Retentionsräume geplant.

Beispielprojekt: DakAkker Rooftop Farm

Es gibt unterschiedliche Wasserspeicher, eine der innovativsten Arten ist ein Dachgarten wie die DakAkker Rooftop Farm: Er fasst 60 Liter Wasser pro Quadratmeter, bietet natürliche Kühlung und Isolierung und ist ein einzigartiger Ort für den Anbau von Lebensmitteln.

„Es ist unglaublich, dass man von seinem eigenen Büro aus nach oben in einen Garten gehen kann", meint Emile van Rinsum, Gründer der DakAkker Rooftop Farm. Er arbeitet auch für das Umweltzentrum Rotterdam. „Meiner Meinung nach ist dieser erste Vorteil der beste. Der zweite ist der Wasserspeicher, das ist natürlich sehr wichtig für die Stadt, und drittens kann man etwas gegen den Wärmeinseleffekt tun."

Floating Farm – der erste schwimmende Bauernhof der Welt mit schwimmenden Solarpanelen

Bereits gehandelt – fertige Projekte

Ein wichtiger Bestandteil im Umgang mit Extremwetterereignissen ist die Verbindung zwischen innovativen „blaugrünen Dächern" (siehe S. 56) und den öffentlichen Gewässern, die auf Straßenniveau liegen.
Besonders bekannte Projekte sind das Floating Office Rotterdam, das größte schwimmende Büro der Welt, und das große Sturmflutsperrwerk Maeslantkering.
Aber auch im Kleinen findet in Rotterdam oftmals Klimaanpassung statt, beispielsweise mit kostenlosen Sonnencremespendern.

SDG 13.2
Klimaschutz

Wir werden neugierig!

Interview mit Prof. Dr. Harald Lesch und Dr. Cecila Scorza-Lesch

#WirKLIMAHANDELN! So lautet der Titel dieses Buches. Wie sind Sie beide zum Klimahandeln gekommen?

Cecila Scorza-Lesch: Schon vor Jahren haben wir uns mit der Suche nach extrasolaren Planeten beschäftigt – bis zu einer Entfernung von 50 bis 100 Millionen Lichtjahre. Wir haben die neuen Planeten mit der Erde verglichen. Dabei wurde immer deutlicher, wie einzigartig und besonders unser eigener Planet ist. 2016 beschloss ich, Materialien für die Schule zum Klimahandeln zu entwickeln. Dann kam ich an die Ludwig-Maximilians-Universität nach München, und wir beide haben dort zusammen das Klimahandeln vorangebracht.

Harald Lesch: Bei mir war es konkret der Habilitationsvortrag, den ich 1994 an der Uni in Bonn gehalten habe. Damals bin ich zum ersten Mal auf das Thema „Klimamodelle" gestoßen und habe gelernt, dass die Erde eigentlich vergletschern müsste. So bin ich immer mehr in das Thema „Klima" hineingewachsen. Seit 1995 bin ich als Professor an der Ludwig-Maximilians-Universität in München. Erst habe ich mich ganz viel mit Astrophysik beschäftigt. Heute ist es ganz wenig Astrophysik und dafür ganz viel Klimakommunikation und Energiewende. Aber es hat sich noch etwas geändert, nämlich aus dem Interessanten ist etwas Interessant-Relevantes geworden – es ist physikalisch interessant und für uns als Menschheit unglaublich relevant. Wenn man mich beispielsweise fragt, ob der Treibhauseffekt anthropogen – also vom Menschen gemacht – ist, kann ich sagen: Ja, das kann man mit Isotopen-Analysen nachweisen. Das macht man mit Kohlenstoff-Isotopen. Da kann man nämlich sehen, dass seit 1800 der Gehalt von C_{13}-Isotopen heruntergegangen ist. Das liegt daran, dass wir seitdem den fossilen Kohlenstoff in die Atmosphäre pumpen und der kommt von der Photosynthese. Die wiederum bevorzugt C_{12}-Isotope.

Frau Scorza-Lesch, gemeinsam haben Sie ja den Klimakoffer entwickelt. Was kann dieser Klimakoffer und was möchten Sie damit erreichen?

Cecila Scorza-Lesch: Ich habe mir überlegt, wie ich Physik in den Kontext mit einem relevanten Thema bringe. Dann haben wir uns mit Prof. Bernhard Mayer, einem Kollegen von Harald, zusammengetan und angefangen, das ABC des Klimawandels, also die Ursachen, zu elementarisieren. Dazu haben wir dann passende Experimente entwickelt. Der zweite Schritt war, die Auswirkungen des Klimawandels experimentell zu zeigen. So sind jetzt zwölf Experimente im Klimakoffer, die sowohl die Ursachen als auch die Auswirkungen veranschaulichen. Nach dem Klimakoffer kommt übrigens als nächstes Projekt der Koffer zur Energiewende.

Ganz wichtig ist mir noch zu ergänzen, dass der Klimakoffer ein MINT-Koffer ist. Da ist nicht nur Physik, sondern auch Biologie, Chemie und Geographie drin. Auf Fortbildungen durften wir erfahren, dass auch Religionslehrkräfte davon begeistert waren.

Der Klimaschutz spielt ja beim Kampf gegen die Klimakrise eine große Rolle. Wo stehen wir da aktuell aus Ihrer Sicht?

Harald Lesch: Schlimm, schlimmer als die schlimmsten Prophezeiungen. Die Entwicklung der Natur – als die Anzahl und die Intensität der Naturereignisse – wird immer schlimmer. Die Anzahl der Menschen, die von den Auswirkungen direkt betroffen sind und ihre Heimat verlassen werden müssen, wird immer größer. Bis zum Ende des Jahrhunderts reden wir dabei von einer Milliarde. Die Verschiebung der angenehmen Klimanische wird dazu führen, dass weite Teile um den Äquator herum nicht mehr bewohnbar sind. Das wird natürlich zu viel Dynamik auf unserer Welt führen. Wir werden uns auf eine völlig neue Situation einstellen müssen, zumal wir nicht wissen, zumal wir nicht genau wissen, was für eine Dynamik die einzelnen Kipppunkte haben werden. Die einzelnen Kipppunkte stoßen wahrscheinlich wieder andere Kipppunkte an wie eine Schaukel die andere Schaukel anstößt und wieder zurückschwingt. Wir wissen zum Beispiel, dass in Sibirien im Permafrostboden fossiler Kohlenstoff an die Oberfläche dringt. Das heißt, dass neben dem Methan eine ordentliche Menge Kohlenstoff in die Atmosphäre dringen könnte, was zu einer rabiaten Erwärmung führen würde. Die rabiaten Erwärmungen werden noch größtenteils von den Ozeanen abgepuffert mit einer Wirkung von weit über 90 %. Wenn dies weniger wird, werden wir auf eine ganz andere Erde hinauslaufen. Daran sieht man, dass jede Einsparung von Kohlenstoff-Emissionen der Hebel ist, an dem wir ansetzen müssen.

Was wären aus Ihrer Sicht möglichst lohnende Handlungsmöglichkeiten?

Cecila Scorza-Lesch: Wir sollten nicht warten, bis die Politik etwas beschließt, sondern wir müssen mit dem Klimahandeln anfangen – und zwar nicht einzeln, sondern in Gruppen. Es ist so wichtig, dass die Schüler*innen den Raum in der Schule bekommen, um gemeinsam gezielt Projekt durchzuführen. Aber man muss mit ihnen zusammen die Hebel identifizieren. Zu mir kamen Kinder, die stolz berichteten, dass sie kalt geduscht hätten – und das im Januar. Wahnsinn! Das will doch kein Mensch. Stattdessen sollte ein CO_2-Rechner genutzt werden, um zu sehen, wo die meisten Emissionen entstehen. Die Hauptursache in Bayern ist die Mobilität, also die Art und Weise, wie man zur Schule kommt. Generell kann man am wirksamsten in der eigenen Umgebung sein. Ein ganz wichtiger Punkt ist die Berufswahl. Wir haben aktuell einen großen Fachkräftemangel, vor allem im Handwerk. Wir versuchen, junge Menschen für einen Handwerkerberuf im Zusammenhang mit den erneuerbaren Energien zu begeistern.

Harald Lesch: Wir sind beispielsweise auch unterwegs in Sachen Energiegenossenschaften. Dadurch entsteht ein Miteinander und eine aktive Teilhabe an der Energiewende. Das fördert auch die Akzeptanz der Baumaßnahmen.

Aber auch in der Schule ist vieles möglich. Jede Schule sollte eine Photovoltaikanlage auf dem Dach haben. Das sollte auch ein Schulprojekt sein. Das wäre ein wichtiger Schritt für alle Schulen in Deutschland. Wir haben etwa 40 000 Schulen. Da wäre richtig etwas zu holen. So könnte man auch transparent machen, was eingespart wird und wie viel verbraucht wird. Von der technischen Seite ist dies das Allerwichtigste. Dazu gibt es natürlich noch andere Bereiche, die Verhaltensänderungen wie bei der Ernährung benötigen. Insgesamt müssen wir so schnell wie möglich in die erneuerbaren Energien kommen – mit voller Wucht und allem, was möglich ist. Denn wir müssen so schnell es geht aus der Nutzung der fossilen Ressourcen herauskommen.

Ein anderes Thema ist etwas schwieriger zu kommunizieren und das ist das Energiesparen. Es wäre schon eine große Hilfe, wenn wir 25 % unseres Primärenergiebedarfs reduzieren.

Wie müssten sich Politik und Gesellschaft verändern, damit es zu diesen Änderungen kommt? Wenn Sie einen Wunsch frei hätten, was würden Sie wünschen?

Harald Lesch: Das ist eine gute Frage. Das Thema ist so riesig, dass es mit einem Wunsch nicht getan wäre. Was ich mir wünschen würde, ist, dass möglichst alle Menschen freundlich miteinander umgehen. Das halte ich momentan für die wichtigste Voraussetzung, damit wir die vor uns liegende Route gemeinsam gehen können. Wir haben eine Route vor uns, die ist teilweise flach, aber teilweise auch richtig steil. Wir werden sogar Sauerstoffmasken brauchen, weil die Höhen es richtig in sich haben werden. Das heißt, es wird nicht einfach werden. Einige werden vielleicht auch abrutschen. Da ist es wichtig, dass wir die Leute auch wieder hochziehen. Wenn wir uns gemeinsam auf so eine Reise begeben würden, wäre das für mich das Allergrößte! Wenn wir das schaffen, bin ich sicher, dass wir alles Mögliche schaffen werden, weil wir uns gegenseitig unter die Arme greifen, wenn es mal schwierig wird. Aber solange Gruppen noch gegeneinander gehen und die eine Gruppe sagt, dass es gar kein Gebirge gibt, das wir jetzt besteigen müssen, wird das nicht klappen. Der gesellschaftliche Zusammenhalt ist die Voraussetzung für ein erfolgreiches Klimahandeln.

Cecila Scorza-Lesch: Ich halte es für so wichtig, dass nach dem Schock über die aktuelle Situation gleich mögliche Lösungen thematisiert werden. Mein Wunsch wäre daher, dass Unterricht nicht nur in der Schule stattfindet, sondern dass Schülerinnen und Schüler sich in Gruppen finden und dann hinaus gehen und sich in der Region vernetzen, um auf die Dringlichkeit des Klimahandelns hinzuweisen und gemeinsam etwas zu bewegen – nicht nur in der Familie, sondern auch in der Gemeinde, beispielsweise mit der Klimaberatungsstelle oder Menschen in Entscheidungspositionen.

Damit beschreiben Sie ja unseren Schritt „Wir schließen uns zusammen" ziemlich gut. Warum ist das für Sie so wichtig?

Harald Lesch: Dadurch, dass sich Menschen zusammenschließen, werden ja auch die Machbarkeitsoptionen vervielfacht. Jede Person, die mit dazu kommt, bringt ja auch neue Fähigkeiten mit ins Team. Und auf einmal kann die Gruppe etwas tun, wovon sie vorher nicht einmal geträumt hat. Ja, dadurch, dass die eine Person dazugekommen ist und die Lücke füllt, geht da plötzlich etwas. Wie die Philosophin Hannah Arendt so treffend formuliert hat: „Wenn Menschen zusammenkommen, dann kann man mit Wundern rechnen!" Solche Momente entstehen aber nur aus dem Zusammen. Alle rein und dann gucken wir, was wir zusammen machen können. Das ist der Weg der Zukunft. Es muss ein Zusammen werden oder es wird gar nicht werden.

Was erscheint Ihnen beim gemeinschaftlichen Klimahandeln besonders wichtig?

Harald Lesch: Was beim Klimahandeln noch ganz wichtig ist, ist das sogenannte Pareto-Prinzip. Das bedeutet, dass man mit 20 % Aufwand bereits 80 % des möglichen Ertrages erzielt. Ich habe mich mit Arno Zengerle, dem Bürgermeister von Wildpoldsried unterhalten. Das ist eine Gemeinde im Allgäu, die 6- bis 7-mal mehr Strom produziert, als sie verbraucht. Also, wenn man die Energiewende im Süden sehen will, dann wird man dort fündig. Im Norden mit den Windrädern ist das ja noch einmal etwas ganz anderes.

Arno Zengerle sagte jedenfalls, dass wenn wir in Wildpoldsried mit deutschem Perfektionismus darangegangen wären, dann würde dort kein einziges Windrad stehen. Aber dadurch, dass wir etwas gemacht haben, ist etwas passiert. Und dadurch, dass etwas passiert ist, sind neue Ideen und neue Leute dazugekommen.

Deswegen habe ich auch diese Reisemetapher verwendet. Du gehst dahin und guckst, da kann man das machen und da kann man sich festhalten. Und auf einmal sind Dinge möglich, die auf den ersten Blick gar nicht zu erkennen sind. Mit diesem Pareto-Vorgehen kann man arbeiten!
Also kein Perfektionismus, sondern ein bisschen mehr Jazz. Einer gibt die ersten Takte vor und die anderen stimmen mit ein. Aber erst eine komplett komponierte Symphonie zu erwarten, das funktioniert nicht.

Was möchten Sie Schüler*innen im Sinne von #WirKLIMAHANDELN! mit auf den Weg geben?

Cecila Scorza-Lesch: Lasst uns trotz allem optimistisch bleiben! Gerade wir in Deutschland haben die besten Voraussetzungen für Klimaschutz und Klimaanpassung, um so eine gewisse Klima-Resilienz zu entwickeln. Anderen Menschen in anderen Teilen der Erde – insbesondere im Globalen Süden – geht es ganz anders. Dort werden die Auswirkungen in vielen Regionen ganz schlimm. Insofern ist es umso wichtiger, dass wir als eines der reichsten Länder der Erde mit einem guten Beispiel vorangehen und zudem die Menschen im Globalen Süden unterstützen.

Harald Lesch: Feiert jeden noch so kleinen Erfolg! Tanzt, feiert, verliebt euch und lebt! Das ist das, was uns und unsere Fähigkeiten am stärksten stärkt. Und lasst euch nicht verrückt machen, dass nicht alles perfekt funktioniert. Pessimismus ist keine Option. Bleibt fröhlich und hoffnungsvoll. Jetzt heißt es loslegen und weiter machen, weiter, weiter, weiter!

Klimawandel verstehen und handeln

Buchtipp:
Christian Holler, Joachim Gaukel, Harald Lesch & Florian Lesch: Erneuerbare Energien zum Verstehen und Mitreden. C. Bertelsmann Verlag, München, 2021.

Anne Hildago – Klimapionierin in Paris

Die Pariser Bürgermeisterin Anne Hildago gilt in Frankreich als Klimapionierin. Sie zeigt, dass selbst in Paris, der Stadt mit der höchsten Autodichte in Frankreich, eine Verkehrswende gelingen kann. Während ihrer Amtszeit hat sie Maßnahmen wie „grüne Welle für Fahrräder“ und Umweltzonen mit Verboten für Diesel-Pkw durchgesetzt. Ab 2024 dürfen sogar gar keine Diesel-Pkw mehr in der französischen Hauptstadt fahren. Sie will, dass Paris bis 2050 klimaneutral wird. „Wir haben zehn Jahre Zeit, um zu handeln. Das heißt machen und nicht diskutieren, was man unternehmen könnte.“

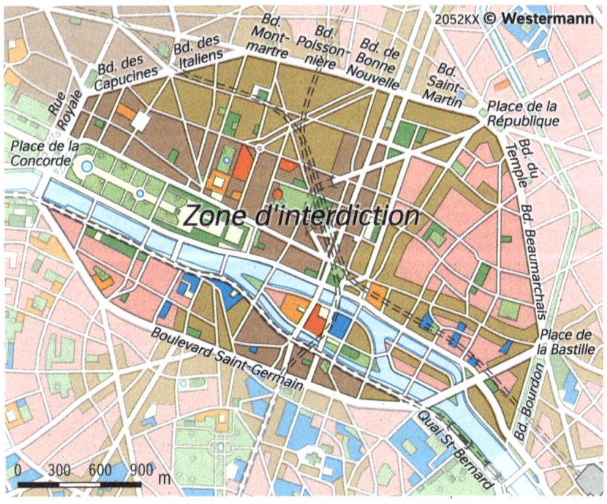

Ausgeliehen, fertig, los – Fahrradtour für Touristen durch Paris

Zone d'interdiction: Ab 2024 wird die Innenstadt von Paris für Autos komplett gesperrt.

Das Geheimnis ihres Erfolges: Um den Menschen ein Stück weit Lebensqualität zurückzugeben, will Bürgermeisterin Anne Hidalgo das Konzept der Viertelstundenstadt umsetzen. Innerhalb von 15 Minuten sollen Bewohner zu ihrer Arbeit, zum Einkaufen und zu Freizeitaktivitäten wie Konzerten oder Sport gelangen. Neugierig geworden ist Hidalgo auf die Idee des Franko-Kolumbianers Carlos Moreno, einem Dozenten an der Pariser Sorbonne. Mit den farbigen Bildern ihrer Vision gelang es Hidalgo, die Mehrheit der Menschen für ihre Ziele zu begeistern und mitzunehmen.

Hidalgo lernte dazu und entwickelte mit ihrem Team Ideen: Eine zentrale Rolle spielen dabei die Schulhöfe. Nach dem Schultag sollen sie für alle Bewohner als „Schulhofoasen“ zugänglich sein. Dem Namen entsprechend werden sie bepflanzt und es soll dort ein vielfältiges Freizeit-, Kultur- und Sportangebot geben. Auf mehreren Schulhöfen laufen bereits Pilotphasen.

Dazu existieren bereits über 100 „Rue des Ecoles“. Das sind Straßen direkt an der Schule, die teilweise oder komplett für Autos gesperrt sind. Dort entstehen Fußgängerzonen, Spielstraßen oder Platz für Aufführungen.

Doch nicht nur in Schulnähe werden Straßen für den Autoverkehr gesperrt. Ab 2024 wird die gesamte Innenstadt autofrei. Insgesamt fallen dadurch ca. 70 000 Parkplätze weg. Gleichzeitig bringt Hidalgo den Radverkehr voran.

Die Vision: Paris im Sinne der Viertelstundenstadt

So wie die Rue Saint-Vincent-de-Paul kann die Viertelstundenstadt aussehen: Grünflächen plus Fahrradverleihstation umgeben von historischen Gebäuden, dahinter der Eingang zum Krankenhaus Lariboisiere.

Mut und Überzeugung – eine beeindruckende Bilanz

Beispielhaft ist nicht nur die kurze Zeit, in der das Radverkehrsnetz implementiert wurde, interessant ist vor allem, dass dies trotz schwieriger Regierungsbedingungen und bürokratischer Hürden geschehen ist: Die Mitarbeiter*innen der Verwaltung mussten sich u. a. mit dem Mangel an Engagement für den Radverkehr einiger Bezirksbürgermeister*innen auseinandersetzen, die die Umsetzung von geplanten Streckenabschnitten verzögerten. […] Anne Hidalgo ging als Bürgermeisterin ihre Pläne mutig und proaktiv an. Und der Erfolg zeigt, dass sie die Menschen in Paris mit ihrem Engagement überzeugt hat. Die Bürger*innen ermöglichten ihr eine zweite Amtszeit.

Quelle: Allgemeiner Deutscher Fahrrad-Club (adfc): Innovative Radverkehrslösungen auf Deutschland übertragen. InnoRAD-Factsheet 5/6, 11/2020, Berlin, S. 7

Sie will, dass Frankreich wieder atmen kann

Die Pariser Bürgermeisterin Anne Hidalgo über den ökologischen Kulturwandel Frankreichs

DIE ZEIT: Paris wird grün. Die größte politische Dringlichkeit besteht für Sie offenbar darin, dass die schicken Pariserinnen und Pariser vom Auto aufs Fahrrad umsteigen?

Anne Hidalgo: Unsere neuen Fahrradwege in Paris zeigen, dass wir unser Lebensmodell anpassen können. Sie symbolisieren die ökologische Politik, für die ich stehe.

DIE ZEIT: Reichen dafür Fahrradwege?

Anne Hidalgo: Sie verwandeln den Alltag der Pariser, die jeden Tag mit dem Fahrrad zur Arbeit oder zum Einkaufen fahren und sich damit den öffentlichen Raum neu aneignen. In der Epidemie haben wir kurzfristig über den befahrensten Metro-Strecken 60 Kilometer neue Fahrradwege geschaffen. Während meiner letzten Amtszeit haben wir bereits 300 Kilometer neue Fahrradwege durch Paris gebaut. Die Folge: Im vergangenen Sommer fuhren auf vielen großen Boulevards mehr Fahrräder als Autos. Mein nächstes Ziel ist es, jede Straße in Paris fahrradtauglich zu machen.

Quelle: Blume, Georg: Sie will, dass Frankreich wieder atmen kann. Zeit online, Hamburg, 28.02.2021 (https://www.zeit.de/2021/09/anne-hidalgo-paris-buergermeisterin-umweltschutz-klimawandel-frankreich/komplettansicht)

Wir lernen dazu!

Treibhausgasemmissionen weltweit und Temperaturanstieg 2000 - 2100

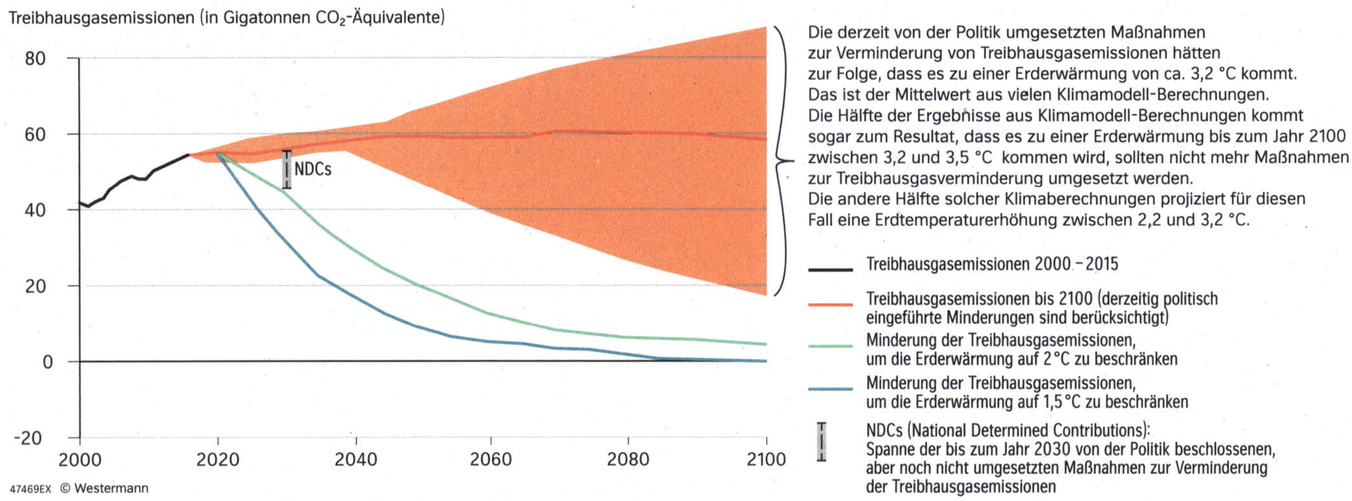

Quelle: https://www.dwd.de/DE/wetter/thema_des_tages/2023/3/25_Bild1.png;jsessionid=7558DFEFF0284664D0ABED898A78442C.live31091?__blob=poster&v=1

Treibhausgasminderungsziele Deutschlands

Die deutschen Treibhausgasminderungsziele sind im Bundes-Klimaschutzgesetzes (Stand August 2021) festgelegt. Die Emissionen sollen bis 2030 um mindestens 65 % und bis 2040 um mindestens 88 % gesenkt werden (gegenüber 1990). Zudem gelten in einzelnen Sektoren bis 2030 zulässige Jahresemissionsmengen. Die deutsche Klimapolitik ist eingebettet in Klimaschutzprozesse der Europäischen Union sowie der UNO.

Quelle: Umweltbundesamt: Treibhausgasminderungsziele Deutschlands. Berlin, 02.05.2023 (https://www.umweltbundesamt.de/daten/klima/treibhausgasminderungsziele-deutschlands#internationale-vereinbarungen-weisen-den-weg)

Wird Deutschland die gesetzlich festgelegten Klimaziele erreichen?

Deutschland hat sich über das Klimaschutzgesetz verpflichtet, bis 2045 klimaneutral zu werden. Dazu sind Zwischenziele festgesetzt worden. Das Umweltbundesamt (UBA) gleicht jährlich den Ausstoß von Treibhausgasen mit diesen Zielen ab. Der 2023er-Bericht kommt zum Schluss, dass – wie auch schon in den Vorjahren – Deutschland zur Zeit nicht auf dem Weg ist, das für 2045 geplante Ziel der Klimaneutralität zu erreichen. Die Umsetzung weiterer Maßnahmen wird hier eingefordert.

Lesenswertes vom Deutschen Wetterdienst (DWD) zur globalen Erwärmung und den Folgen für zukünftige Generationen

Jedes zehntel Grad macht einen Unterschied: Mit jeder noch so kleinen Zunahme der globalen Erwärmung steigen die Risiken und die Auswirkungen von abrupten und irreversiblen Veränderungen im Klimasystem; einschließlich der Veränderungen, die durch das Erreichen von Kipppunkten ausgelöst werden.
Klimatische und nicht klimatische Risiken werden sich zunehmend gegenseitig beeinflussen und zu kaskadenartigen Risiken führen, die komplexer und schwieriger zu beherrschen sind. [...]
Klimaschutz kostet, aber die Klimakrise kostet mehr: Der wirtschaftliche Nutzen bei Erreichen des 2-Grad-Ziels liegt in den meisten Studien höher als die Investitionen, die für Klimaschutz nötig sind (dabei sind noch nicht einmal die Schäden eingerechnet, die durch den Klimawandel verursacht werden). Allein die Vorteile für die menschliche Gesundheit durch saubere Luft könnten die Investitionen in Klimaschutzmaßnahmen mindestens ausgleichen. Je wärmer die Welt allerdings wird, desto mühsamer und teurer wird es, sich anzupassen.

Quelle: Bertelsmann, Magdalena: IPCC-Bericht: Anleitung für eine lebenswerte Zukunft. Deutscher Wetterdienst (DWD), Offenbach, 25.02.2023 (https://www.dwd.de/DE/wetter/thema_des_tages/2023/3/25.html)

„Es ist jetzt oder nie, wenn wir die globale Erwärmung auf 1,5 Grad begrenzen wollen. Ohne unmittelbare und starke Emissionsverringerungen in allen Sektoren wird es unmöglich."

Prof. Dr. Jim Skea
britischer Klimatologe und in führender Stellung bei der Erstellung der Weltklimaberichte des IPCC

Können wir das 1,5-Grad-Ziel noch erreichen? – Oft wird gesagt, „schon zu spät!" Stimmt das?

Die Fakten: 2022 war es auf der Erde schon 1,2 Grad wärmer als im Mittel der Jahre 1851–1900. Und 2021 und 2022 waren die Treibhausgas-Emissionen auf Rekordniveau.

Was macht nun Hoffnung? Ab 2024 könnten die globalen CO_2-Emissionen erstmals fallen – so urteilen Organisationen wie die International Energy Agency (IEA) und die Organisation Climate Analytics. Hintergrund ist der Ausbau der erneuerbaren Energien.

Der IPCC sagt, dass die Erreichung des Höhepunkts [von Emissionen] vor 2025 ein entscheidender Schritt ist, um das 1,5 °C-Limit in Reichweite zu halten. Da die Emissionen ab 2023 ansteigen werden, bleibt nur wenig Zeit zum Handeln. [...] „Wir stellen fest, dass eine 70-prozentige Chance besteht, dass die Emissionen im Jahr 2024 zu sinken beginnen, wenn die derzeitigen Wachstumstrends bei sauberen Technologien anhalten [...]. Damit wäre 2023 das Jahr, in dem die Emissionen ihren Höhepunkt erreichen – und damit die IPCC-Frist.

Quelle: When will global greenhouse emissions peak? Climate Analytics, Berlin, 22.11.2023 (eigene Übersetzung) (https://climateanalytics.org/publications/when-will-global-greenhouse-gas-emissions-peak)

Der Weg zu Net Zero* bis 2050

* Net Zero = Netto Null (CO_2-Emissionen aufgrund menschlicher Aktivitäten werden durch den Abbau dieser Gase ausgeglichen, somit keine Zunahme der CO_2-Konzentration in der Atmosphäre)

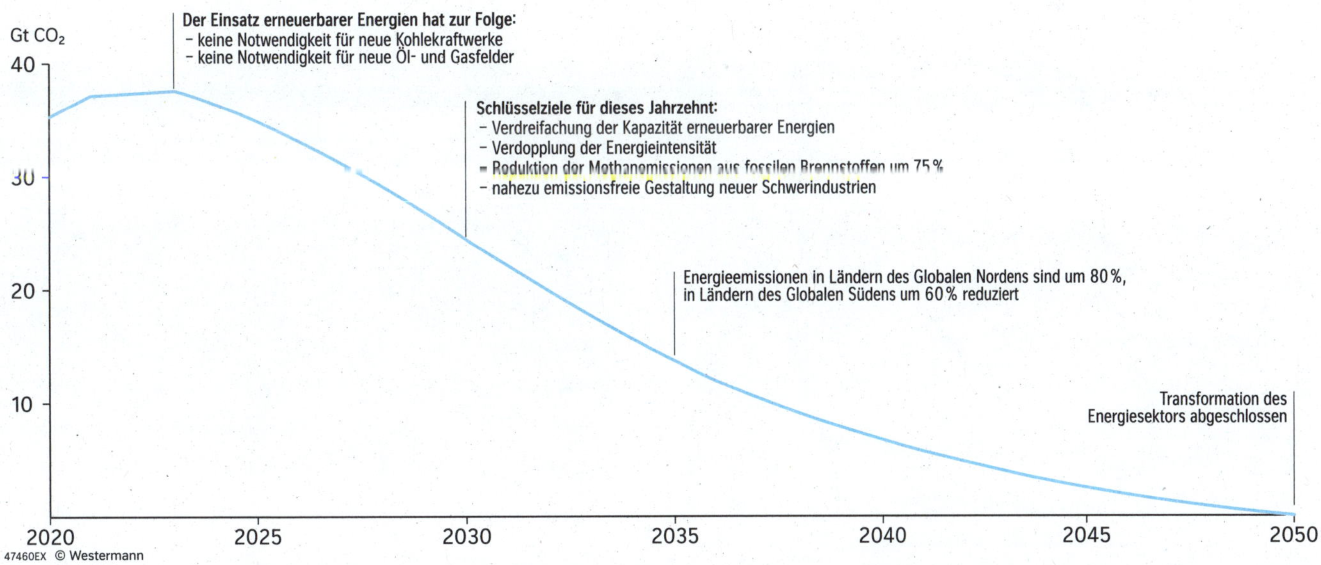

Quelle: https://www.iea.org/reports/net-zero-roadmap-a-global-pathway-to-keep-the-15-0c-goal-in-reach/executive-summary

Quarks: CO_2 einfach absaugen

Wir entwickeln Ideen!

Menschen zum Energiesparen motivieren: Forschende analysieren 100 Studien aus 25 Ländern

Bis zu 6 Prozent des Energieverbrauchs von Haushalten können kurz- und mittelfristig durch Verhaltensänderungen gesenkt werden [...]. Motivierend sind vor allem monetäre Anreize, aber auch Informationskampagnen, Selbstverpflichtungen oder Spiele. [...]

„In der aktuellen Situation gibt es vor allem bei Feedbackmechanismen, wie regelmäßigen, unterjährigen Verbrauchsabrechnungen, noch die größten Defizite, um sicher zu stellen, dass die Einsparerfolge wahrgenommen werden. [...]", erläutert Robert Meyer [vom Fraunhofer-Institut für Solare Energiesysteme].

Auswertungen zeigen, dass dadurch 5 bis 10 Prozent der CO_2-Emissionen im Gebäudebereich vermieden werden können. Mit der unterjährigen, also etwa jahreszeitlichen Verbrauchsinformation werden Einsparpotenziale frühzeitig sichtbar und können besser genutzt werden – das schont nicht nur die Umwelt, sondern auch den Geldbeutel.

Quelle: Abschnitt 1 + 2: Fraunhofer-Institut für Solare Energiesysteme (ISE): Menschen zum Energiesparen motivieren: Ariadne-Forschende analysieren 100 Studien aus 25 Ländern. Freiburg, 05.12.2022 (https://www.ise.fraunhofer.de/de/presse-und-medien/news/2022/menschen-zum-energiesparen-motivieren-ariadne-forschende-analysieren-100-studien-aus-25-laendern.html)
Abschnitt 3: Monatliche Verbrauchsinformation – übersichtlich und EED-konform. Wohnungsgenossenschaft Transport eG, Leipzig, 28.02.2022 (https://www.wogetra.de/monatliche-verbrauchsinformation/)

Engagiere dich zusammen mit deinem Strom-/Energieanbieter, um Kunden vierteljährlich Verbrauchsabrechnungen zu schicken und auf Einsparpotenziale aufmerksam zu machen.

Studien zeigen, dass Haushalte mit starken Umweltbotschaften motiviert werden, wie zum Beispiel „der Energieversorger versprach, einen Baum zu pflanzen, wenn ein Haushalt das 5 %ige Einsparungsziel erreicht" oder „es wird kein Baum gepflanzt, wenn der Haushalt das 5 %ige Einsparungsziel nicht erreicht". Sie fanden heraus, dass die Kombination aus einem Einsparungsziel und umweltfreundlichen Anreizen zu einer deutlichen Verringerung des Stromverbrauchs führte.

Das Ergebnis einer weiteren Studie: Plakate in Gebäudeeingängen, wie man Einsparpotenziale realisiert, führten zu einer Reduktion der Heizkosten von 9 %.

Was steht in den Wahlprogrammen der Parteien zur Europawahl 2024 zum Klimaschutz?

Klimabündnis in eurer Stadt? – Macht mit!

Das Umweltamt hat bekanntgegeben, dass laut ihren eigenen Gutachten die Stadt Dortmund die Klimaneutralität 2035 nicht einhalten kann. In der Klimabewegung sind viele Menschen empört, wie in der Verwaltung unserer Stadt wichtige und dringend notwendige Entscheidungen für Klimaschutz-Maßnahmen verschleppt werden. Stellen werden nicht oder verzögert besetzt. Andere Städte sind in vielen Bereichen des Klimaschutzes deutlich weiter als Dortmund.

Es wird Zeit, dass wir reden und endlich handeln in dieser Stadt! Das Klimabündnis Dortmund lädt mit der Lydia-Kirchengemeinde alle interessierten Bürger*innen unserer Stadt und Vertreter*innen der Politik zum offenen streitbaren und konstruktiven Dialog ein.

Quelle: Klimaneutralität 2035 der Stadt Dortmund – Klimabündnis lädt ein. Pauluskirche Dortmund, Dortmund, 2023 (https://pauluskirche.net/uebersicht/43-9112023-1830-uhr-klimadialog-notfall-klimaneutralit%C3%A4t-2035-der-stadt-dortmund-klimab%C3%BCndnis-l%C3%A4dt-ein.html)

Diercke: Interaktive Plakatausstellung zur Klimakrise

Auf über 20 Plakaten können sich Schüler*innen verschiedene Themen eigenständig und interaktiv erschließen. Über QR-Codes sind lohnende Filmbeiträge, Podcasts und Quiz vorhanden. Gleichzeitig können auf interaktiven Plakaten Gedanken und Gefühle geteilt werden.

LCOY – Wir sollten mitmachen!

LCOY steht für Local Conference of Youth. LCOY gibt es in vielen Ländern der ganzen Welt. Sie sind ein Ableger der Conference of Youth (COY), welche immer vor den UN-Klimaverhandlungen tagt.
Du willst mit Vertreter*innen aus Politik, Wirtschaft und Wissenschaft diskutieren? Du willst mit anderen jungen Menschen wirkliche Lösungen erarbeiten? All das ist auf der LCOY möglich!
Die nächste LCOY findet übrigens im Herbst 2024 in Berlin statt.

Vereinsrechner CO_2 – gemeinsam Klimaschutz gestalten

Ein speziell für (Amateur-)Vereine konzipierter CO_2-Rechner ermöglicht es Sportvereinen jeder Größe erstmals, ihre Treibhausgasemissionen zu ermitteln. Das ist die Grundvoraussetzung für Klimahandeln in euren Vereinen.

Wir schließen uns zusammen!

Ihr seid mit euren Wünschen/Hoffnungen nach Klimaschutz, Klimaanpassung und Klimagerechtigkeit nicht alleine!

Die Mehrheit der Menschen ist bereit, Veränderungen auf dem Weg zur Klimaneutralität mitzutragen. Dabei ist für sie der Zugang zu nachhaltigen Alternativen und bezahlbarer Mobilität sowie Mitbestimmung und lokale Wertschöpfung an der Energieversorgung von großer Bedeutung. Unterstützt euch mit Sympathie und Mitmachen an Fridays For Future-Protesten, im Engagement für Windkraft-/Solaranlagen, im Ausbau des ÖPNV, der Fahrradinfrastruktur und Elektromobilität. Setzt euch ein für ein Tempolimit auf Autobahnen und für die energetische Sanierung eurer Schule.

Zustimmung zu verschiedenen Klimaschutzmaßnahmen in Duisburg – Ergebnisse einer Befragung 2021

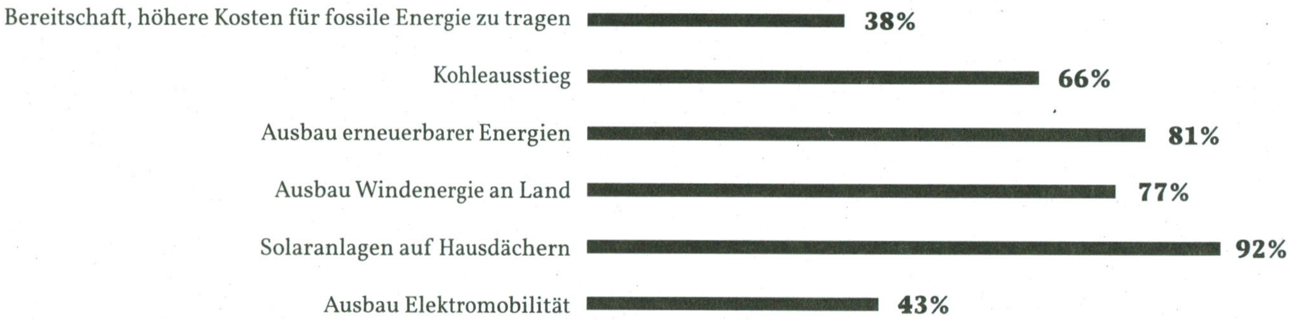

Quelle: https://hertie-school-ariadne.shinyapps.io/LocalAttitudesDashboard/

Wie findet man Klimaschutz-Gleichgesinnte?

Umweltorganisationen und Aktivistengruppen: Schließt euch Ortsgruppen von Umweltorganisationen an, die sich für den Klimaschutz in eurer Region einsetzen. Sie veranstalten oft Treffen, Aktionen und Veranstaltungen, um Mitstreiter zu finden und ein Klimahandeln zu planen.

Universitäten und Bildungseinrichtungen wie die Volkshochschule: Viele Bildungseinrichtungen haben Umweltgruppen oder Studentenorganisationen, die sich mit Nachhaltigkeit und Klimaschutz beschäftigen. Das könnte ein guter Ort sein, um Gleichgesinnte zu treffen. Auch ihr seid hier sicher willkommen.

Umweltbezogene Veranstaltungen: Konferenzen, Workshops, Cleanup-Aktionen oder lokale Veranstaltungen zum Klimaschutz sind ausgezeichnete Gelegenheiten, um Menschen zu treffen, die sich für ähnliche Anliegen engagieren.

Online-Plattformen: Plattformen wie Volunteer World, WWF, Greenpeace oder lokale Organisationen, Kirchen und Umweltvereine haben oft Listen von Projekten und Möglichkeiten für Freiwilligenarbeit im Bereich „Klimaschutz".

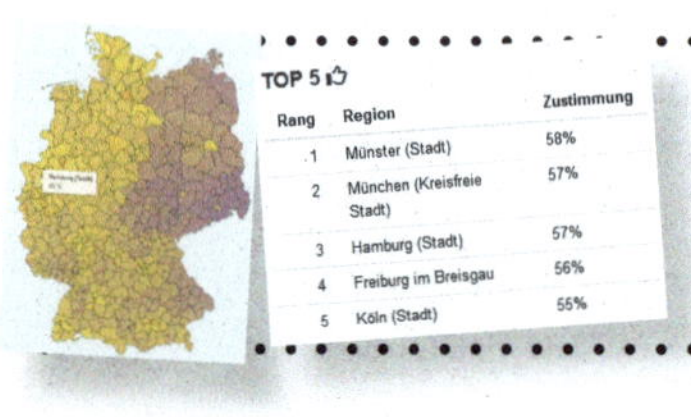

So tickt unsere Umgebung
Karten zeigen, wie sich Ansichten zu verschiedenen Klimaschutzmaßnahmen je nach Bundesland, Landkreis und Kommune unterscheiden.

Gütesiegel „Klimaschule 2023–2024“: 81 Hamburger Schulen sparen CO_2 ein

Am Emilie-Wüstenfeld-Gymnasium gibt es ein Flugverbot für Klassenreisen, die Berufliche Schule Hamburg-Harburg setzt sich dafür ein, Einwegbehälter in der Mensa zu reduzieren und die Ida Ehre Schule hat 1,5 Hektar Wald gekauft, um einen Teil ihrer CO_2-Emissionen zu kompensieren – Wege, das Klima zu schützen, gibt es viele. Seit 2010 werden in Hamburg „Klimaschulen“ ausgezeichnet. Sie alle haben einen schuleigenen Klimaschutzplan entwickelt, um die „Klimakompetenzen“ der Schulgemeinschaft zu fördern und um ihre CO_2-Emissionen zu reduzieren. Mehr als 80 Hamburger Grundschulen, Stadtteilschulen, Gymnasien und berufliche Schulen machen inzwischen mit.

Wuppertaler Schüler arbeiten an der klimaneutralen Schule

Schülerinnen und Schüler aus ganz Deutschland haben monatelang den CO_2-Fußabdruck ihrer Einrichtungen berechnet. Schools4future heißt das Projekt, an dem sich zwölf Schulen beteiligt haben. Eine davon ist die Erich-Fried-Gesamtschule in Wuppertal-Ronsdorf.

Quelle: Rasch, Johannes: Wuppertaler Schüler arbeiten an der klimaneutralen Schule. WDR, Köln, 06.06.2023 (https://www1.wdr.de/nachrichten/westfalen-lippe/wuppertal-schule-klimaneutral-100.html)

Mitwirkung in Jugendparlamenten: Ausschuss für Umwelt, Klimaschutz und Mobilität

Warum interessierst du dich für diesen Ausschuss?

Jeremias Klasen: Als Ausschussvertreter für Umwelt, Klimaschutz und Mobilität beschäftige ich mich mit sehr wichtigen stadtpolitischen Themen, die auch uns Jugendliche stark betreffen. Wie können wir den ÖPNV ausbauen, wo werden neue Fahrradwege gebaut und wie schaffen wir neue Grünflächen in Göttingen?

Quelle: Jugendparlament Göttingen, 2023 (https://www.jugendparlament-goettingen.de/umweltausschuss/)

SDG 13.3
Informationshandeln

Wir werden neugierig!

Nachdem Leonardo DiCaprio 1998 mit der Hauptrolle im Film „Titanic“ zum Weltstar wurde, gründete er die Leonardo DiCaprio Foundation, eine Stiftung zum Schutz von Klima und Umwelt.
Über diese Stiftung wurden inzwischen über 100 Mio. US-$ in mehr als 200 Umweltprojekte weltweit investiert (Beispiele: Schutz tropischer Wälder in Südamerika, Förderung erneuerbarer Energien).
Fortgeführt werden die Projekte mittlerweile über die Organisation „Earth Alliance“, die DiCaprio zusammen mit Laurene Powell Jobs leitet. Laurene Powell Jobs ist die Witwe des 2011 verstorbenen Apple Gründers Steve Jobs.

Rede von Leonardo DiCaprio am 23.09.2014 vor den Vereinten Nationen in New York

UN Generalsekretär Ban Ki Moon ernannte den Hollywoodstar Leonardo DiCaprio zum Friedensbotschafter der Vereinten Nationen. Der Schauspieler sei eine glaubhafte Stimme in der Umweltbewegung, so begründete Ban Ki Moon diese Ernennung. Auch in seiner Rolle als Friedensbotschafter werde er einen besonderen Fokus auf Umweltthemen legen, verkündete DiCaprio. Es sei für ihn eine große Ehre, diese Aufgabe anzunehmen. Der Kampf gegen den Klimawandel sei eine der „wichtigsten Angelegenheiten, die wir als internationale Gemeinschaft angehen müssen“. Hier Auszüge aus seiner ersten Rede vor den Vereinten Nationen:

I'm honored to be here today, I stand before you not as an expert but as a concerned citizen [...]. Every week, we're seeing new and undeniable climate events, evidence that accelerated climate change is here now. We know that droughts are intensifying, our oceans are warming and acidifying, with methane plumes rising up from beneath the ocean floor. We are seeing extreme weather events, increased temperatures, and the West Antarctic and Greenland ice-sheets melting at unprecedented rates, decades ahead of scientific projections.

None of this is rhetoric, and none of it is hysteria. It is fact. [...] I am not a scientist, but I don't need to be. Because the world's scientific community has spoken, and they have given us our prognosis, if we do not act together, we will surely perish.

Now is our moment for action.

Quelle: American Rhetoric. Online Speech Bank. 2024 (https://www.americanrhetoric.com/speeches/leonardodicapriounclimatechange.html)

Inzwischen ist Leonardo DiCaprio einer der prominentesten und aktivsten Sinnfluencer in der Klimaschutz-Community. Sein Instagram-Auftritt hat fast 60 Millionen Follower, ihm folgen viele weitere Stars, aber auch UN-Organisationen. Diverse Postings – z. B. auch viele – machen seinen Instagram-Account zu einer Fundgrube von aktuellen Informationen zum Klimawandel und Klimaschutz. Aber nicht nur das: DiCaprio und seine Community machen vor, wie gehandelt werden kann und was alles möglich ist.

Video: Vollständige Rede von Leonardo DiCaprio

Übersetzung der Auszüge aus der Rede von Leonorda DiCaprio

Interview mit Fabian Grischkat

Fabian, du hast schon mit zwölf Jahren angefangen, YouTube-Videos hochzuladen. War die Klimakrise in deinen ersten Jahren auf den sozialen Plattformen schon ein Thema für dich? Gab es einen „Klick-Moment" oder ein Ereignis, was dich dazu bewegt hat, dich mit Nachhaltigkeit zu beschäftigen?

Als ich begann, Kurzfilme ins Netz zu stellen, behandelten diese thematisch überhaupt nicht die Klimakrise. Meine Inhalte waren eher humorvoll und amüsant mit nur wenigen, vereinzelten politischen Einflüssen.

Mit Klima- und Umwelt-Thematiken kam ich erst über die Veränderung meiner Ernährung in Kontakt, als ich 2015 aufhörte, tierische Produkte zu konsumieren und mich für den veganen Lebensstil interessierte. Schnell wurde mir klar, dass dieses Thema Zündstoff in jeder Diskussion ist.

Allerdings fühlten sich viele Menschen schnell vor den Kopf gestoßen und die Debatte über einen Wandel unserer Lebensgewohnheiten erschien mir festgefahren. Daher kombinierte ich die Elemente „Humor" und „Klimawandel" und versuchte auf lockere Art und Weise, einen niedrigschwelligen Einstieg in das Thema zu bieten.

Mittlerweile machst du auf Instagram und TikTok kurze Videos über aktuelle Nachhaltigkeitsthemen. Warum machst du das und warum hast du ausgerechnet dieses Format gewählt? TikTok gilt doch oft als unseriös.

Mit Plattformen wie Instagram oder TikTok hatte ich tatsächlich anfangs ein paar Startprobleme. Schnell erkannte ich aber, dass die Kurzlebigkeit der Plattformen auch neue Türen der Wissensvermittlung öffnet. Besonders die junge Generation – die Generation Z – hat heutzutage die ersten Berührungspunkte mit Nachrichtenmeldungen nicht mehr am Kiosk, im Radio oder im Fernsehen, sondern auf Instagram, TikTok oder X.

Nachrichten müssen dort stattfinden, wo die Menschen sind. Selbstverständlich lesen Jugendliche auch einen längeren Artikel, aber der erste Berührungspunkt mit einem Thema geschieht meist zuvor in den sozialen Netzwerken.

Snackable Content, also Inhalte, die einfach und schnell zu konsumieren sind, müssen nicht ausschließlich aus süßen Katzenvideos bestehen. Vertikaler Journalismus, wie wir ihn auf TikTok und Instagram erleben, wird auch in den kommenden Jahren weiter an Relevanz gewinnen. Das mag einem auf den ersten Blick unseriös vorkommen, ist aber meiner Meinung nach von enormer Bedeutung, wenn wir weiterhin Menschen für den Kampf gegen den Klimawandel begeistern möchten.

Kannst du dieses Format auch für junge Menschen empfehlen, die sich in der Klimabildung engagieren wollen? Wie können Schüler*innen diese Plattformen sonst nutzen, für Nachhaltigkeitsthemen?

Meiner Meinung nach kann es nicht genug Bildung im Bereich Klima- und Umweltschutz geben. Jeder Beitrag zum Thema ist wichtig und fast jede Person hat heute die Möglichkeit, einen Instagram-Post oder ein TikTok zu erstellen. Ganz ohne Sendeanstalt können wir über Onlinemedien unsere Botschaften in Sekundenschnelle mit der gesamten Welt teilen.

Wie engagierst du dich abseits von diesen Videos für Nachhaltigkeit?

Ich arbeite mit mehreren NGOs, wie z. B. Greenpeace oder der Deutschen Umwelthilfe, eng zusammen. In Unternehmen gebe ich Workshops und auf Veranstaltungen halte ich Vorträge zur Rolle der Medien im Kampf gegen den Klimawandel. Auch Demonstrationen, wie die von Fridays for Future, besuche ich regelmäßig. Ab und an darf ich auch mit Regierungsvertreter*innen sprechen.

Du thematisierst auch immer wieder, dass du vegan lebst. Warum machst du das und vor allem warum redest du darüber öffentlich, ist das nicht eine private Entscheidung, die privat bleiben sollte?

Niemand ist dazu verpflichtet, seine oder ihre Lebensweise mit der Öffentlichkeit zu teilen. In meinem Fall habe ich aber die Hoffnung, dass es zum Nachdenken und Hinterfragen festgefahrener Strukturen beiträgt.

Das zweite große Thema auf deinen Accounts sind die Rechte von queeren Menschen. Hängen diese beiden Themen für dich zusammen?

Definitiv. Mehrfach marginalisierte Gruppen haben gar keine andere Wahl, als diese Themen zusammen zu denken. Es gibt Menschen, die sind schon heute enorm vom Klimawandel betroffen – und werden zusätzlich aufgrund ihrer sexuellen Orientierung oder Identität verfolgt. Eine sozial gerechte ökologische Transformation muss intersektional gedacht werden.

Als Influencer verdienst du dein Geld durch Kooperationen und Werbung. Du hast in einem Gastbeitrag für den Spiegel deinen Beruf als „Drahtseilakt zwischen kommerzieller Vermarktung und dem Manifestieren meiner Prinzipien" bezeichnet. Was meinst du damit und wie schaffst du diesen Drahtseilakt in Bezug auf Nachhaltigkeit?

Auch ich muss meine Miete überweisen, einkaufen oder meine Krankenversicherung zahlen. Meine Einnahmequellen sind zwar verschieden, ein Großteil stammt aber aus meiner Öffentlichkeitsarbeit. Glücklicherweise lässt es sich heute kombinieren, kommerziell erfolgreich zu sein und gleichzeitig seine Werte und Ideale nicht zu verraten. Auf TikTok und Instagram gehe ich bewusst nur die Kooperationen ein, die zu mir passen. Glücklicherweise arbeite ich viel mit Ministerien oder dem öffentlich-rechtlichen Rundfunk zusammen und bin so weniger auf Unternehmen aus der Privatwirtschaft angewiesen. Fragt mich beispielsweise ein Unternehmen an, das durch seine Geschäftspraktiken klimaschädlich agiert, sich aber nun in Form einer Werbekampagne nachhaltig präsentieren möchte, so lehne ich diese Anfrage ab. „Greenwashing" nennt man diese Strategien, denen ich keine Bühne biete.

Wenn du dein 12-jähriges Ich jetzt wieder treffen könntest, was würdest du dir sagen wollen? Was hättest du damals gerne gewusst, auch in Bezug auf deinen Aktivismus und deine heutige Arbeit?

Ich war in jungen Jahren sehr ungeduldig und habe mich oft selbst überschätzt. Heute weiß ich, dass ich ab und an gar nichts weiß und es notwendig ist, zuzuhören, bevor ich spreche. Besonders der Klimaaktivismus muss auf fundierten Informationen basieren, denn Halbwissen ist der größte Feind politischer Protestbewegungen. Meinem 12-jährigen Ich rate ich also, jede Information wie ein Schwamm aufzusaugen. Die Welt kann man nicht von heute auf morgen retten, aber vielleicht übermorgen.

„Wie wir das Klima retten" – Ein Vortrag von Fabian Grischkat

Wir lernen dazu!

Wir haben den Klimanotfall – also lasst uns entsprechend reden und handeln!

„Wir müssen über eine positive Zukunft sprechen. Wir müssen uns neue Geschichten erzählen, Geschichten, die unser Gefühl von Selbstwirksamkeit stärken und uns vermitteln, dass wir etwas tun können, was Sinn und Zweck hat. Das Reden über Probleme schafft Probleme, das Reden über Lösungen schafft Lösungen."

Prof. Dr. Maren Urner
Neurowissenschaftlerin und Professorin für Medienpsychologie

Quelle: Urner, Maren: „Wir haben alle leuchtende Augen": Ein Workshop auf dem K3-Kongress zum Denken in Utopien. 2050 Media Projekt gGmbH, Berlin, 15.09.2022 (https://www.klimafakten.de/kommunikation/wir-haben-alle-leuchten-de-augen-ein-workshop-auf-dem-k3-kongress-zum-denken-utopien)

Welche Klimatypen gibt es und wie sprechen wir sie am besten an?

	Erfolgsgeschichten zum Klimahandeln	Fakten zum Klimahandeln	Bedrohungen aus dem Klimawandel	kreative Mitmachaktionen
die Sehr-Besorgten	×	×		
die Bequemen/Unbekümmerten	×		×	×
die Sich-Hilflos-Fühlenden	×			×
die aktiven Verzweifelten	×			
die Negierer	×	×	×	
die Neugierigen und Aktiven				×
die handelnde Politik	**mit unseren Stimmen und unserer Unterstützung!**			

Mach den Klimatyp-Test und finde heraus, wer du bist!

Kannst du dich zu den Klima-Pionieren zählen, bist du eher der Mittelmäßige oder gar ein Klima-Faulpelz? Mach den spielerischen Klimatyp-Test von myclimate und finde es heraus.

Wir recherchieren!

Über Klima wirksam sprechen, um zum Handeln zu kommen

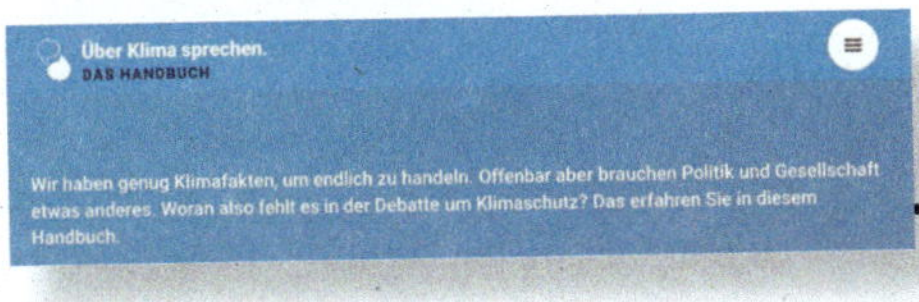

Über Klima sprechen – der Podcast zum Handbuch von klimafakten.de

Junge Klimaschützer haben erkannt, dass man mit Katastrophenbildern wenig erreicht
Süddeutsche Zeitung Magazin: „Es ist schlimm, Folks, aber wir kriegen das hin"

Argumentationsguide: Mit Fakten gegen Fake News zum Klimawandel

Klimawandel – wissenschaftlich präsentiert

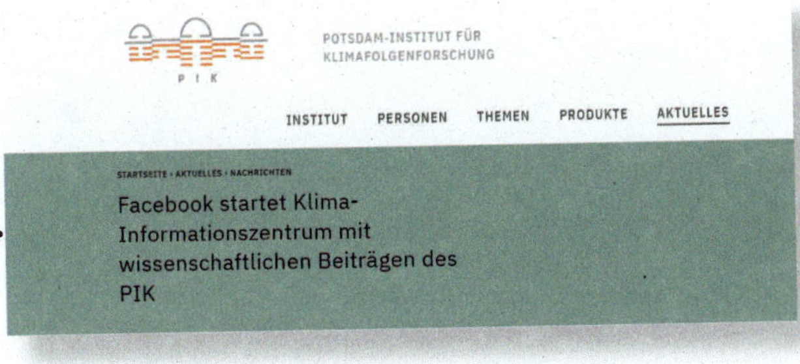

Wir entwickeln Ideen!

Zutaten für einen erfolgreichen Podcast

- Video: Was ist ein Podcast?
- Formate für deinen Podcast – Hörbeispiele
- Video: Inhalt und Aufbau einer Podcastfolge
- Vor der Aufnahme
- Video: Deine Haltung beim „Podcasten"
- Innere Haltung beim Podcast
- Video: Intro & Outro
- Intro, Outro & Logos – Beispiele
- Video: Los geht's – So erreichst du dein Publikum!

Frage ChatGPT:

- Wie informiert man am besten andere über Klimaschutz?
- Wie gründe ich eine Klima AG?

Klimaschädliche E-Mails

E-Mails verursachen weltweit ca. 410 Mio t CO_2 pro Jahr. Das entspricht etwas weniger als der Hälfte des Flugverkehrs. Verschickst du an zehn Freunde ein Foto mit 1 MB, so entspricht das einer Autofahrt von 500 m.

Wie kann man den CO_2-Fußabdruck seiner E-Mails verringern?

- telefonieren oder SMS statt E-Mail
- Datenmenge der Anhänge verringern (Bilddateien komprimieren, Hyperlinks verwenden)
- sich von nicht gelesenen Newslettern oder E-Mail-Werbung abmelden
- Empfänger auf das Nötigste reduzieren
- E-Mails auf dem Rechner regelmäßig löschen, da der Speicherplatz auf einem Server CO_2 verbraucht

„Mobi-Material" von Fridays for Future, z. B.

KlimaRatSchule

Mitglieder des KlimaRates treffen sich zur Frage „Welche Maßnahmen wollen wir an unserer Schule umsetzen, um den Klimagasausstoß in den Bereichen Energie, Ernährung, Mobilität und Beschaffung zu vermindern?" Planungsgruppen werden gebildet, die Maßnahmen erarbeiten und schließlich im Plenum vorstellen und bepunkten lassen.

Informiert mit eurem Klima-Kalender

Stellt Aktionen zusammen zum Klimahandeln im Alltag:

- Klima & Ernährung
- Klima & Pflanzen
- Klima & Mobilität
- Klima & Sharing
- Klima & Internet
- Klima & Mode

Baut Challenges für die Woche ein und/oder hakt Erfolge ab.

Wir schließen uns zusammen!

#Coole Klima-Sinnfluencer

- luisaneubauer (343k) – Klimawandel, Klimaschutz, Klimaaktivismus
- Umweltministerium (65,7k) – Umweltschutz, Naturschutz
- everydayclimatechange (139k) – Klimawandel
- climatereality (294k) – Klimawandel, Klimaschutz
- unclimatechange (750k) – Klimawandel, Klimaschutz
- fridaysforfuture (487k) – Klimawandel, Klimaschutz, Klimaaktionismus
- greenpeace (3,9 Mio.) – Umweltschutz, Nachhaltigkeit

Weitere Influencer, die ihr kennen solltet:

Frage ChatGPT:
Wie finde ich Klimaexperten?

Gemeinsam „Klima für andere zum Thema machen"

- Fakten statt Behauptungen
- Was Menschen mit Fakten machen
- Zum Klima kommunizieren – so geht's besser
- Infografik: Die Psychologie des Klimahandelns

Gemeinsam Klimahandeln vor Ort
Gibt es in deiner Stadt, im Stadtteil oder in deiner Gemeinde bereits Initiativen oder Projekte zum Klimaschutz? Eventuell sind Vereine, Firmen, die Kirche oder andere Schulen daran beteiligt? Wenn ja, bringt euch ein!

Schule – Klima – Wandel

- Ausbildung zum Klimabotschafter
- Klima-Workshops
- Materialien zum Klimaschutz

Fridays for Future

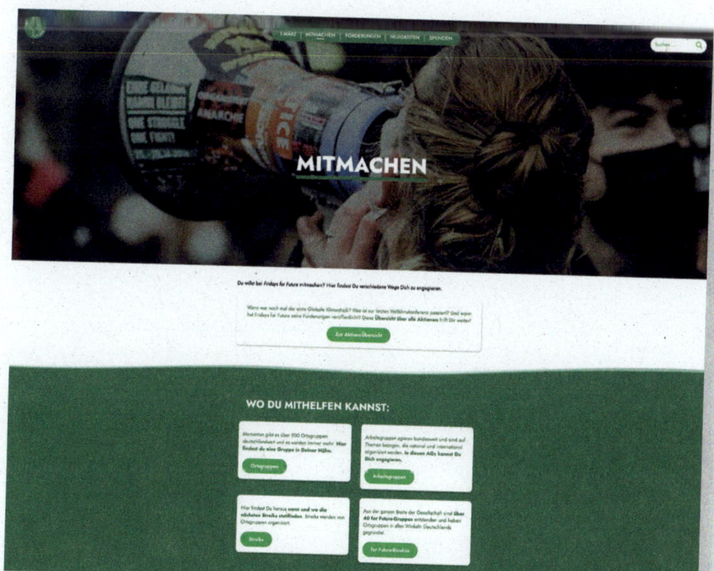

#WirKLIMAHANDELN!

Wir sind dabei!

#faces4change
@lustaufbesserleben, @cleanffm.de, @plastiksparen, @frankfurt.de, der Nachhaltigkeitsausschuss und die AG „Verantwortung" der Carl Schurz Schule haben sich zusammengetan und in drei Workshops mit 45 Schüler*innen Bildungsvideos erarbeitet.

Die Videos werden sukzessive mit dem Hashtag #faces4change auf dem Channel @lustaufbesserleben gepostet. Ziel dabei ist es, weitere Jugendliche und Erwachsene zu motivieren, mit kurzen Videos zum Wandel anzuregen.

Anna & Anastasia entwickeln Lernzirkel zu Kipppunkten
Was versteht man unter Kippelementen im Klimasystem, welche gibt es aktuell? Und wie kann man diese in Experimenten veranschaulichen?

Arielle King, Isallas Hernandes und Alaina Wood verbreiten auf TikTok Informationen zur Klimakrise

@ariellevking @queerbrownvegan @thegarbagequeen

– wenn möglich mit positivem Einschlag.

Schul-Klimaschutzgipfel
Der erste Schul-Klimaschutzgipfel fand an der Erich-Fried-Gesamtschule Ronsdorf statt. Dabei wurde auch die CO_2-Bilanz der Schule vorgestellt. Ein engagierter Schüler, der Hausmeister und ein Lehrer der EFG haben ein Video über die Heizungen der EFG erstellt.

Schools4Future Videos
Diese Videos wurden von Schüler*innen für Schüler*innen erstellt. Beispiele:

Plakat-Ausstellung zur Klimakrise

Die Plakat-Ausstellung kann von allen Schulen in Deutschland kostenlos ausgeliehen werden.

Max-Planck-Schule, Kiel: Profisegler Boris Herrmann und Klimaforscher Tobias Bayr eröffnen eine Plakatausstellung zur Klimakrise

SDG 13.4
Erfüllung der Klimaverträge

Wir werden neugierig!

Was hat mein morgendlicher Brötchenkauf beim Bäcker mit dem Pariser Klimaabkommen gemein? Richtig, beides sind Verträge. Der Bäcker und ich einigen uns darüber, dass er mir Brötchen gibt und ich ihm dafür mein Geld. Das sind zivilrechtliche, also private Verträge. Wenn verschiedene Staaten gemeinsame Interessen haben, können sie genauso Verträge schließen – das sind dann völkerrechtliche Verträge. Beim Pariser Klimaabkommen etwa haben sich 195 Staaten geeinigt, dass es in ihrem gemeinsamen Interesse ist, den Klimawandel zu bekämpfen. Auch wenn das Übereinkommen von Paris von 2015 der vielleicht bekannteste Klimavertrag ist, ist er nicht der erste. In diesem Kapitel werden wir uns mit diesen völkerrechtlichen Abkommen beschäftigen und dem Klimarecht im Allgemeinen.

Wir lernen dazu!

Interview mit Baro Vincenta Ra Gabbert

Baro Vincenta Ra Gabbert ist Juristin und gleichzeitig Klimaaktivistin. Nachdem sie gemerkt hat, dass Recht und Klima zusammenhängen, hat sie einen Verein gegründet, für alle, die sich mit dem Klimarecht auseinandersetzen wollen. Die „Climate Clinic" ist ein Zusammenschluss von Jurist*innen, die alle Themen rund um das Klimarecht recherchieren und dann so aufbereiten, dass jeder es verstehen kann. Als Baro Vincenta Ra Gabbert die Climate Clinic gründete, war sie gerade einmal 23 Jahre alt. Mittlerweile ist ihre Expertise so anerkannt, dass sie sogar die Bundesregierung als Sachverständige berät.
Es gibt also kaum jemanden, der uns das mit den Klimaverträgen besser erklären könnte.

Du bist Juristin, engagierst dich aber auch in der Klimabewegung. In welchem Verhältnis stehen das Recht und die Klimakrise für dich? Warum engagierst du dich in beiden Bereichen?

Die Klimakrise kommt nicht allein. Sie kommt mit Dürre und Hitze, mit Hunger und Wasserknappheit, mit neuen Krankheiten und schlechter Luft und ganz vielen Fragen nach Gerechtigkeit. Damit wir in einer solchen Krise gute und gerechte Lösungen finden, brauchen wir Regeln.

Genau für solche Regeln haben wir das Recht – Gesetze, Verträge und Gerichtsentscheidungen legen fest, was in Ordnung ist und was nicht. Auch das Pariser Klimaschutzabkommen, in dem sich die Staaten der Welt darauf geeinigt haben, den Klimawandel zu begrenzen, ist zum Beispiel ein völkerrechtlicher Vertrag. Wenn wir keine guten rechtlichen Regeln haben, dann werden die Klimakrise und deren Folgen für uns schlimmer. Gute Regeln können den Klimawandel verlangsamen und dessen Folgen gerechter regeln. Für mich gehören Klimakrise und Recht also ganz eng zusammen, darum engagiere ich mich für beides.

Wird die Klimakrise in der Rechtswissenschaft ausreichend berücksichtigt? Was muss sich ändern?

Während ich studiert habe, war Klima leider fast kein Thema an den Unis. Außer ganz wenigen Expert*innen hat sich noch vor fünf Jahren fast niemand mit der Frage beschäftigt, wie Klima und Recht zusammengehören. 2021 hat sich das mit einem Mal geändert: Das Bundesverfassungsgericht, das höchste deutsche Gericht, hat entschieden, dass Klimaschutz zu unserer Verfassung gehört. Und es hat die Bundesregierung zu besseren Klimagesetzen verpflichtet. Seitdem gibt es immer mehr Jurist*innen, die über Klima und Recht schreiben, sprechen oder dazu forschen. Wenn man aber bedenkt, wie existenziell und dringend die Klimakrise ist, bekommt sie in der Rechtswissenschaft immer noch nicht die Aufmerksamkeit, die sie verdient.

Eigentlich müsste die Klimakrise nämlich in fast allen Bereichen des Rechts mitgedacht werden: Wenn ein Gesetz regelt, wie Nahrungsmittel angebaut werden, wie lange ein kaputtes Handy repariert werden muss oder was mit abgelaufenen Lebensmitteln passiert, hat das alles auch mit Klima zu tun. Ich hoffe daher, dass in den nächsten Jahren in jedem Fachgebiet auch immer Jurist*innen arbeiten, die Klima mitdenken. Und wir Jurist*innen müssen verstehen, dass naturwissenschaftliche Krisen keine Verhandlungspartnerinnen sind. Die haben ihre eigenen Gesetze.

Du bist auch Initiatorin des Vereins Climate Clinic. Was ist euer Ziel und wie könnt ihr zu dieser Veränderung beitragen?

Jura zu verstehen ist für viele Menschen schwierig. Die meisten lernen über das Recht nichts in der Schule. Und Gesetze sind oft eher unverständlich geschrieben, da kann man schon mal dran verzweifeln. Ich finde, dass auch junge, klimainteressierte Menschen verstehen sollten, was die rechtlichen Hintergründe politischer Entscheidungen sind, wie Gesetze entstehen oder was ein Gerichtsurteil genau bedeutet. Darum habe ich mit anderen engagierten Jurist*innen die Climate Clinic gegründet. Wir sind eine Gruppe von über 40 Studierenden und jungen Jurist*innen, die schon fertig mit ihrem Studium sind. Wir helfen Ratsuchenden dabei, rechtliches Hintergrundwissen zur Klimakrise zu verstehen – verständlich und kostenlos. Und wir zeigen auf, was das Recht alles kann, wenn man seine Möglichkeiten nutzt. Auch Schüler*innen können sich natürlich immer gerne an uns wenden.

Das sogenannte Klimaurteil des Bundesverfassungsgerichts besagt, dass es ein Recht auf Klimaschutz gibt. Was bedeutet das für junge Menschen?

Genau genommen steht in der Entscheidung nichts von einem „Recht auf Klimaschutz". Das Bundesverfassungsgericht hat aber entschieden, dass Klimaschutz von Artikel 20a Grundgesetz mitgemeint und damit Teil unserer Verfassung ist. Die Verfassung beinhaltet die wichtigsten Regeln in Deutschland, sie beeinflussen unser ganzes Rechtssystem. Durch die Entscheidung des Gerichts muss nun auch Klimaschutz an anderen Stellen der Rechts mitgedacht werden.

Außerdem hat das Verfassungsgericht entschieden, dass man nicht einfach irgendwann mit Klimaschutz anfangen kann, wenn es einem gerade passt. Sondern, dass das verbleibende CO_2-Budget über die Generationen hinweg gerecht aufgeteilt werden muss. Es hat die Regierung also zu mehr und schnellerem Kilmaschutz aufgefordert, auch um die Zukunft junger Menschen zu sichern.

Und das Bundesverfassungsgericht hat entschieden, dass Deutschland sich nicht aus seinen Klimaschutzbemühungen herausreden kann, nur weil andere Länder auch nicht genug machen. Deutschland hat mit dem Pariser Klimaschutzabkommen einen Vertrag unterschrieben und muss den auch einhalten. Ganz egal, was in den USA, China oder woanders passiert.

Im Pariser Klimaabkommen haben sich alle UN-Staaten verpflichtet, das Klima zu schützen. Die meisten Staaten reduzieren ihre Emissionen nicht ausreichend, um das 2-Grad-Ziel aus dem Abkommen einzuhalten. Sind solche internationalen Abkommen überhaupt noch etwas wert? Bringen uns Klimaverträge und -konferenzen noch weiter?

Mit internationalen Abkommen ist es so eine Sache: Anders als bei Abkommen innerhalb der EU oder Deutschlands lassen sich die Versprechen aus internationalen Abkommen kaum durchsetzen. Mit anderen Worten: Wir sind darauf angewiesen, dass sich die Versprechenden an ihre Versprechen halten. Dass das nicht immer funktioniert, haben wir 2017 gesehen, als Donald Trump den Austritt der USA aus dem Pariser Klimaabkommen verkündet hat. Und wir sehen es Jahr für Jahr bei der Weltklimakonferenz wieder, wenn die Staaten sich nicht auf Maßnahmen einigen können, die für das Einhalten der Ziele aus dem Pariser Klimaschutzabkommen erforderlich wären. Diese Schwäche internationaler Abkommen bedeutet aber nicht, dass wir auf sie verzichten können. Denn globale Probleme in einer globalisierten Welt lassen sich nur auf internationaler Ebene lösen. Und wir sehen immer öfter, dass auch Gerichte in einzelnen Ländern helfen, dass internationale Abkommen im jeweiligen Land umgesetzt werden. In Deutschland zum Beispiel das Bundesverfassungsgericht.

Immer mehr junge Menschen wollen sich engagieren für mehr Klimaschutz. Gesetze, Abkommen und Urteile klingen da doch etwas kompliziert. Gibt es eine einfache Möglichkeit, sich darüber zu informieren und dieses Wissen anzuwenden?

Es müssen gar nicht immer die komplizierten juristischen Texte oder Themen sein. Das Recht wird auch nicht nur von Jurist*innen geformt, sondern in aller erster Linie vom Gesetzgeber, also von Bundestag, Bundesrat und Co. Und die Entscheidungen des Gesetzgebers sind unter anderem auch von den Forderungen der Wissenschaft und Zivilgesellschaft geprägt, zum Beispiel auch von Fridays for Future. Sich einer Gruppe anzuschließen, die gegenüber der Politik klimapolitische Forderungen vertritt, kann also auch helfen, das Recht zu verändern. Und da möchte ich an dieser Stelle eine ganz klare Ermutigung aussprechen: Die Entscheidung des Bundesverfassungsgerichts hat gezeigt, dass die jungen Leute auf der Straße ein besseres Gespür für unser Grundgesetz hatten als die damals regierenden Politiker*innen unseres Landes.

Was frustriert dich in deiner Arbeit und was motiviert dich trotzdem weiterzumachen?

Ich bin tatsächlich ziemlich oft frustriert. Politiker*innen, Anwält*innen und andere Entscheidungsträger*innen scheinen immer noch nicht so recht an sich heranzulassen, dass mit der Klimakrise das ganze gesellschaftliche Zusammenleben, Gesundheit, Wirtschaft und so viel mehr auf dem Spiel steht. Oder sie haben nicht den Mut, die nötigen Mehrheiten oder ausreichend Mittel zur Verfügung, um notwendige Maßnahmen umzusetzen. Mir hilft es, mit ganz vielen engagierten, klugen Leuten zusammenzuarbeiten und sich gegenseitig zu ermutigen.
Motivieren tut mich dabei, dass ich fest daran glaube, dass eigentlich alle gerne leben würden, ohne die Natur und ihre eigenen Lebensgrundlagen zu zerstören. Wenn wir uns auf diese Gemeinsamkeit besinnen, ist das doch eine gute Voraussetzung für Klimaschutz. Auch diese laute, politische, fordernde junge Generation zu sehen, die Straßen, Talkshows und Küchentischgespräche erobert, macht mir Mut – mehr davon, bitte!

Was sagst du dazu, dass manche Leute fordern, dass es für den Klimaschutz mehr Gesetze gibt, die klimaschädliche Tätigkeiten verbieten? Ist das nicht eine Einschränkung von Freiheit?

Im Recht und bei Gesetzen geht es immer wieder darum, verschiedene Interessen zu berücksichtigen und miteinander in einen Ausgleich zu bringen, das nennen wir Abwägung. Die Freiheit des Einzelnen ist dabei sehr wichtig, steht aber auch im Verhältnis zur Freiheit der anderen. In ganz vielen Lebensbereichen werden auf der einen Seite Freiheiten eingeschränkt, um auf der anderen Seite mehr Freiheit zu gewährleisten – ein Beispiel ist das Rauchverbot in öffentlichen Räumen. Genauso sichert man durch Klimaschutz die Freiheit von anderen, auch in der Zukunft. Was, wenn nicht Freiheit, ist denn die Aussicht, auch in zehn oder zwanzig Jahren noch genügend Wasser und Nahrungsmittel zu haben?

Wir recherchieren!

Eine (unvollständige) Übersicht über die Klimaverträge

1972, Stockholm:
Konferenz der Vereinten Nationen über die Umwelt des Menschen

Es war die erste große Konferenz der UNO zu internationalen Umweltfragen und markierte einen Wendepunkt in der Entwicklung der internationalen Umweltpolitik.

1987, Montreal:
Das Montrealer Protokoll über Stoffe, die zu einem Abbau der Ozonschicht führen

Ein internationales Abkommen limitiert erfolgreich die Produktion der ozonschädigenden Fluorchlorkohlenwasserstoffe (FCKW). Eines der größten Umweltprobleme konnte so gelöst werden. Viele internationale Akteure hoffen danach auf einen ähnlichen Vertrag für das Klima.

1988, Toronto:
Erste Weltklimakonferenz über Veränderungen der Atmosphäre

Politiker*innen und Umweltschützer*innen aus 48 Staaten halten in der Abschlusserklärung fest, dass die Gefahren für die Erdatmosphäre bereits so gravierend sind, dass sofortiges Handeln unerlässlich sei. Die globalen Emissionen sollen daher bis 1995 um 20 % reduziert werden. Das Ziel wurde nicht erreicht.

1992, Rio de Janeiro:
Klimarahmenkonvention der UN

In dem Klimavertrag setzen sich 197 Vertragsparteien das Ziel, die Treibhausgase so zu stabilisieren, dass es für die Menschheit nicht gefährlich wird. Dies soll in einem Zeitraum erreicht werden, der ausreicht, damit sich die Ökosysteme den Klimaänderungen natürlich anpassen können, die Nahrungsmittelerzeugung nicht bedroht wird und die wirtschaftliche Entwicklung nachhaltig fortgeführt werden kann.

1997, Kyoto:
„Kyoto-Protokoll" als Ergänzung zur Klimarahmenkonvention

Das Ziel des Protokolls ist es, die Emissionen klimaschädlicher Gase zu verringern. Bis 2012 sollten die Emissionen der Industriestaaten um 5,2 % im Vergleich zum Referenzjahr 1990 reduziert werden.

2015, Paris:
21. Weltklimakonferenz, Übereinkommen von Paris

Die Staaten vereinbaren, den globalen Temperaturanstieg deutlich unter zwei Grad, möglichst 1,5 Grad, im Vergleich zur vorindustriellen Zeit zu halten.

2016, Berlin:
Ratifizierung des Pariser Klimaabkommens durch den Deutschen Bundestag

Damit ein völkerrechtlicher Vertrag im deutschen Recht wirksam ist, muss er durch das Parlament ratifiziert, also bestätigt werden. Im Falle des Pariser Klimaabkommens geschah dies einstimmig am 22. September 2016.

2021, Karlsruhe:
„Klimaurteil" des Bundesverfassungsgerichts

Das Bundesverfassungsgericht erkennt die Verpflichtung des Staates an, den Klimawandel zu bekämpfen. Das ergibt sich aus der deutschen Verfassung, dem Grundgesetz sowie völkerrechtlichen Verträgen wie dem Pariser Klimaabkommen.

Wir entwickeln Ideen!

Auf Basis der internationalen Klimaverträge, wie dem Pariser Klimaabkommen, werden auch immer wieder sogenannte Klimaklagen vor Gerichten verhandelt. Diese Klagen richten sich entweder gegen Staaten wegen ihrer Untätigkeit oder gegen fossile Konzerne selbst.

Jugendliche verklagen Staaten

Die Familie Backsen

Die vier Geschwister Sophie (damals 21 Jahre), Paul (damals 20 Jahre), Hannes (damals 17 Jahre) und Jakob (damals 15 Jahre) Backsen sind von der Nordseeinsel Pellworm. Ihr Hof Edenswarf ist ein Familienbetrieb aus dem 17. Jahrhundert, der eines Tages von den Kindern übernommen werden soll. Die Familie betreibt Ackerbau und Rinderzucht auf ihrem Hof. Darüber hinaus halten die Backsens Schafe auf dem Deich und vermieten Ferienwohnungen auf der Insel.

Im September 2017 wurde ein Drittel von Pellworm komplett überflutet. Die Insel liegt größtenteils einen Meter unter Normalnull. Mit zunehmenden Sturmfluten besteht die Gefahr, dass die Insel nach einem Deichbruch vollständig überflutet wird. Aufgrund der Auswirkungen der Klimakrise nehmen Extremwetterereignisse wie Starkregen und Dürre zu. Mit dem Anstieg des Meeresspiegels könnten die vorhandenen Deiche bald nicht mehr ausreichen, um die Insel zu schützen. Dies hätte zur Folge, dass Pellworm unbewohnbar würde, auch für die vier Kinder.

Die Geschwister Backsen entscheiden sich, gemeinsam mit anderen Jugendlichen von Fridays for Future und Umweltverbänden die deutsche Bundesregierung zu verklagen. 2021 haben sie schließlich Erfolg, als das Bundesverfassungsgericht das sogenannte Klimaurteil veröffentlicht.

Der X-Account (ehemals Twitter) „Simplified Bundesverfassungsgericht" (@SimpBVerfG) erklärt Urteile vereinfacht in Form von Memes. Er erklärt unter anderem das Klimaurteil.

1,5 Grad Podcast: Familie Backsen – wie kämpft ihr um eure Zukunft?

Jugendliche gewinnen einen historischen Klimaprozess in Montana

Auch in den USA gibt es Jugendliche, die ihre Regierung verklagen, um ihr Grundrecht auf eine saubere und gesunde Umwelt zu schützen. In Montana wurde in diesem Rahmen im August 2023 ein historisches Urteil gefällt. Junge Menschen im Alter von fünf bis 22 Jahren hatten den Bundesstaat verklagt, weil dieser bei der Entscheidung über Erdöl- oder Erdgasprojekte die Folgen für das Klima nicht berücksichtigte. Das Gericht gab den Kläger*innen in allen Punkten Recht. Der Klimajurist Michael Gerrard von der Columbia-Universität bezeichnete das Urteil als eine der wichtigsten Entscheidungen zum Klimawandel, die jemals von einem Gericht gefällt wurde.

Klagen gegen fossile Konzerne

Die zweite Art von Klimaklagen sind Prozesse direkt gegen die Verursacher der Klimakrise: fossile Konzerne.

Saúl Lliuya gegen RWE

Der peruanische Bauer Saúl Lliuya etwa verklagte gemeinsam mit der Organisation „Germanwatch" 2015 den deutschen Energiekonzern RWE. Er verlangte 17 000 Euro an Anpassungskosten, die ihm entstanden, weil der durch RWE mitverursachte Klimawandel den Wasserspiegel des Gletschersees Palcacocha auf ein gefährliches Niveau ansteigen ließ. Vor dem Oberlandesgericht Hamm erklärte er, dass sein Haus von Flutwellen durch das Wasser des Gletschers bedroht ist.
Eine Studie von der London School of Economics fand 2023 heraus, dass Klimaklagen nicht nur durch ihre Urteile Auswirkungen haben können, sondern allein dadurch, dass sie formuliert und vor Gericht eingereicht werden. Die Wissenschaftler*innen konnten nämlich feststellen, dass Klimaklagen gegen fossile Konzerne sich auf die Aktienkurse der jeweiligen Unternehmen auswirken. Klimaklagen können also auch einen wirtschaftlichen Druck auf Konzerne ausüben, sich in Zukunft nicht dem Risiko auszusetzen, dementsprechend klimafreundlicher zu handeln. Durchschnittlich ließen eingereichte Klagen den Wert der fossilen Unternehmen um 0,41 % sinken. Im Fall von Saúl Lliuya sank der Aktienkurs von RWE sogar um 6 % – und das, ohne dass es ein Urteil gab.

Milieudefensie gegen Royal Dutch Shell

Ein prominentes Urteil gab es 2021 in Den Haag gegen den Konzern Shell. Verschiedene Umweltgruppen hatten vor Gericht argumentiert, dass die Beiträge von Shell zum Klimawandel gegen die Sorgfaltspflicht nach niederländischem Recht und gegen Menschenrechtsverpflichtungen verstoßen. Das Bezirksgericht von Den Haag gab den Kläger*innen Recht und ordnete am 26. Mai 2021 an, dass Shell seine globalen Emissionen bis 2030 tatsächlich um 45 % gegenüber dem Stand von 2019 reduzieren muss.

Wir schließen uns zusammen!

Verbände und Vereine, die sich mit der Einhaltung von Klimaverträgen auseinandersetzen

Climate Clinic: Der Verein versucht, alle Themen rund ums Klimarecht für junge Menschen verständlich aufzuarbeiten. Die (angehenden) Jurist*innen aus dem Verein wollen so jungen Menschen helfen, auf Augenhöhe mitzudiskutieren, wenn es um das Klima geht.

Client Earth: Die Umweltrechtsorganisation arbeitet mit 200 Mitarbeiter*innen global daran, mithilfe des Rechts das Klima, die Biodiversität und die Luftqualität zu schützen.

Germanwatch: Die gemeinnützige Organisation setzt sich für globale Gerechtigkeit und den Erhalt der Lebensgrundlagen ein. Dabei nutzt Germanwatch immer wieder auch Klimaklagen.

GermanZero: Der Verein setzt sich für ein klimaneutrales Deutschland ein. Dafür hat German Zero auch Gesetzesvorlagen erarbeitet, damit „das geht nicht" kein Argument mehr gegen Klimaschutz ist.

Deutsche Umwelthilfe: Die Deutsche Umwelthilfe ist ein gemeinnütziger Verein, der sich für Umwelt-, Klima- und Verbraucherschutz einsetzt. Dabei klagt der Verein auch immer wieder gegen neue fossile Projekte, die nicht mit dem Pariser Klimaabkommen vereinbar sind.

European Climate Foundation: Die Stiftung setzt sich für ein klimaneutrales Europa und eine klimaneutrale Welt ein. Dabei versteht sich die Stiftung eher als Netzwerk, das heißt, sie fördert vor allem andere Organisationen und Projekte, die an der Umsetzung des Pariser Klimaabkommens arbeiten.

#WirKLIMAHANDELN!

Das Einhalten von Klimaverträgen kann man nicht nur vor Gericht einfordern, sondern auch durch andere demokratische Mittel – wie etwa Demonstrationen oder Protestaktionen. So hat Greta Thunberg es 2018 getan, als sie mit ihren Schulstreiks global für Aufsehen sorgte. Auf der Weltklimakonferenz 2019 – also der Konferenz, in der die Klimavertäge ausgehandelt wurden – hielt Greta ihre berühmte „How dare you?"-Rede. Diese Rede ist nicht nur in vielen Songs verarbeitet worden (etwa „Your Power" von Billie Eilish), sondern wurde auch von Politiker*innen weltweit aufgegriffen oder kommentiert. Hier könnt ihr die Rede auf Deutsch nachlesen:

Das ist alles nicht in Ordnung. Ich sollte nicht hier stehen. Ich sollte wieder in der Schule auf der anderen Seite des Ozeans sein. Dennoch kommen Sie alle zu mir, und tun hoffnungsvoll? Wie können Sie es wagen! Sie haben meine Träume und meine Kindheit mit Ihren leeren Worten gestohlen. Und doch bin ich eine der Glücklichen. Die Menschen leiden. Menschen sterben. Ganze Ökosysteme kollabieren. Wir stehen am Anfang eines Massenaussterbens. Und alles, worüber Sie reden können, sind Geld und Märchen vom ewigen Wirtschaftswachstum. Wie können Sie es wagen! Seit mehr als 30 Jahren ist die Wissenschaft kristallklar. Wie können Sie es wagen, weiterhin wegzuschauen und hierher zu kommen und zu sagen, dass Sie genug tun, wenn die notwendige Politik und die notwendigen Lösungen noch nirgendwo in Sicht sind?

Bei den heutigen Emissionswerten wird unser verbleibendes CO_2-Budget in weniger als achteinhalb Jahren aufgebraucht sein. Sie sagen, dass Sie uns „hören" und dass Sie die Dringlichkeit verstehen. Aber egal wie traurig und wütend ich bin, ich will das nicht glauben. Denn wenn Sie die Situation vollständig verstehen und immer noch nicht handeln, dann wären Sie böse. Und ich weigere mich, das zu glauben.

Die populäre Idee, unsere Emissionen in zehn Jahren zu halbieren, gibt uns nur eine 50 %ige Chance, unter 1,5 °C zu bleiben, und das Risiko, irreversible Kettenreaktionen außerhalb der menschlichen Kontrolle auszulösen. Vielleicht sind 50 % für Sie akzeptabel. Aber diese Zahlen beinhalten nicht die Kipppunkte, die meisten Rückkopplungsschleifen, die zusätzliche Erwärmung, die durch die giftige Luftverschmutzung oder die Aspekte der Gerechtigkeit und Gleichheit verdeckt werden. Sie verlassen sich auch darauf, dass meine und die Generation meiner Kinder Hunderte von Milliarden Tonnen Ihres CO_2 mit Technologien aus der Luft saugen, die es kaum gibt. Ein 50 %iges Risiko ist also für uns einfach nicht akzeptabel – wir, die wir mit den Folgen leben müssen.

Um eine 67 %ige Chance zu haben, unter einem globalen Temperaturanstieg von 1,5 °C zu bleiben – die besten Quoten des Intergovernmental Panel on Climate Change – hatte die Welt 420 Gigatonnen Kohlendioxid übrig, die sie ab 1. Januar 2018 noch emittieren konnte. Heute sind es bereits weniger als 350 Gigatonnen. Wie können Sie es wagen, so zu tun, als ob dies mit Business-as-usual und einigen technischen Verbesserungen gelöst werden könnte? Mit den heutigen Emissionswerten wird das verbleibende CO_2-Budget in weniger als achteinhalb Jahren vollständig aufgebraucht sein. Es wird keine Lösungen oder Pläne geben, die mit diesen heutigen Zahlen übereinstimmen. Weil diese Zahlen zu unangenehm sind. Und Sie sind immer noch nicht reif genug, um es so zu sagen, wie es ist.

Sie enttäuschen uns. Aber die jungen Leute fangen an, Ihren Verrat zu begreifen. Die Augen aller zukünftigen Generationen sind auf Sie gerichtet. Und wenn Sie sich entscheiden, uns zu enttäuschen, sage ich, dass wir Ihnen nie verzeihen werden. Wir werden Sie nicht damit davonkommen lassen. Genau hier, genau hier ist es, wo wir die Grenze ziehen. Die Welt wacht auf. Und die Veränderung kommt, ob es Ihnen gefällt oder nicht.

Video: Rede von Greta als Techno-Remix

Quelle: Weltethos-Institut. An-Institut der Universität Tübingen, Tübingen, 2024, Übersetzer: Gerhard Hofmann (https://weltethos-institut.org/blog/allgemein/365-wir-haben-achteinhalb-jahre-zeit-greta-thunbergs-rede-beim-un-klimagipfel/)

SDG 13.5
Klimagerechtigkeit

Wir werden neugierig!

Der Portugiese António Guterres ist seit 2017 UN-Generalsekretär. Aktuell befindet er sich in seiner zweiten Amtszeit, die bis 2026 dauern wird. Mit klaren und mahnenden Worten setzt er sich für die brennenden Themen unserer Zeit ein, u. a. den Klimawandel.

„Die Klima-Zeitbombe tickt."

„Wir kämpfen den Kampf unseres Lebens – und sind dabei zu verlieren"

„Ich will kein Mittäter sein."

„Wir sind auf einem Highway in die Klimahölle und haben den Fuß auf dem Gaspedal."

„Wir können einen brennenden Planeten nicht retten mit einem Feuerwehrschlauch aus fossilen Brennstoffen."

Erklärung von UN-Generalsekretär António Guterres zum Abschluss der 27. Convention on Climate Change (COP27) in Sharm el-Sheikh, Ägypten, am 19.11.2022

Die COP27 fand nicht weit vom Berg Sinai statt, einem Ort, der für viele Glaubensrichtungen und für die Geschichte von Moses oder Musa von zentraler Bedeutung ist. Das ist sehr passend. Das Klimachaos ist eine Krise von biblischem Ausmaß. Die Zeichen sind überall zu sehen. Statt eines brennenden Busches stehen wir vor einem brennenden Planeten.

Diese Konferenz wurde von Anfang an von zwei übergeordneten Themen geleitet: Gerechtigkeit und Ehrgeiz. Gerechtigkeit für diejenigen, die an vorderster Front stehen und so wenig zur Krise beigetragen haben – einschließlich der Opfer der jüngsten Überschwemmungen in Pakistan, die ein Drittel des Landes überflutet haben. Ehrgeiz, um die 1,5-Grad-Grenze am Leben zu erhalten und die Menschheit vor der Klimaklippe zu retten.
Diese COP hat einen wichtigen Schritt in Richtung Gerechtigkeit getan. Ich begrüße die Entscheidung, einen Fonds für Verluste und Schäden einzurichten und ihn in der nächsten Zeit zu nutzen. Das wird natürlich nicht ausreichen, aber es ist ein dringend benötigtes politisches Signal, um das zerstörte Vertrauen wiederherzustellen. Die Stimmen derer, die an vorderster Front von der Klimakrise betroffen sind, müssen gehört werden. Das UN-System wird diese Bemühungen bei jedem Schritt unterstützen.

Gerechtigkeit sollte auch mehrere andere Dinge bedeuten:
- *endlich die seit langem versprochenen 100 Milliarden Dollar pro Jahr an Klimafinanzierung für die Entwicklungsländer einlösen*
- *Klarheit und ein glaubwürdiger Fahrplan zur Verdoppelung der Anpassungsfinanzierung*
- *Änderung der Geschäftsmodelle der multilateralen Entwicklungsbanken und internationalen Finanzinstitutionen.*

Sie müssen mehr Risiken übernehmen und systematisch private Finanzmittel für Entwicklungsländer zu angemessenen Kosten mobilisieren.

Aber lassen Sie uns eines klarstellen. Unser Planet befindet sich immer noch in der Notaufnahme. [...] Ein Fonds für Verluste und Schäden ist wichtig – aber er ist keine Lösung, wenn die Klimakrise einen kleinen Inselstaat von der Landkarte spült oder ein ganzes afrikanisches Land in eine Wüste verwandelt. Die Welt braucht immer noch einen großen Sprung in Sachen Klimaschutz. Die rote Linie, die wir nicht überschreiten dürfen, ist die Linie, die unseren Planeten über die 1,5-Grad-Grenze bringt. Wenn wir überhaupt eine Chance haben wollen, die 1,5-Grad-Marke einzuhalten, müssen wir massiv in erneuerbare Energien investieren und unsere Abhängigkeit von fossilen Brennstoffen beenden. Wir müssen einen Energiewettlauf vermeiden, bei dem die Entwicklungsländer das Nachsehen haben – so wie beim Rennen um die COVID-19-Impfstoffe. Eine Verdoppelung der fossilen Brennstoffe bedeutet doppelten Ärger.

Die Partnerschaften für eine gerechte Energiewende sind ein wichtiger Weg, um den Ausstieg aus der Kohle zu beschleunigen und die erneuerbaren Energien auszubauen. Aber wir brauchen noch viel mehr. Deshalb setze ich mich so vehement für einen Klima-Solidaritätspakt ein. Ein Pakt, in dem alle Länder zusätzliche Anstrengungen unternehmen, um die Emissionen in diesem Jahrzehnt im Einklang mit dem 1,5-Grad-Ziel zu reduzieren. Und ein Pakt, um – zusammen mit den internationalen Finanzinstitutionen und dem Privatsektor – finanzielle und technische Unterstützung für große Schwellenländer zu mobilisieren, damit diese ihren Übergang zu erneuerbaren Energien beschleunigen. Dies ist unerlässlich, um das 1,5-Grad-Ziel in Reichweite zu halten – und damit jeder seinen Beitrag leisten kann. [...]

Schließlich erfordern Gerechtigkeit und Ehrgeiz die wichtige Stimme der Zivilgesellschaft. Die wichtigste Energiequelle der Welt ist die Macht der Menschen. Deshalb ist es so wichtig, die Menschenrechtsdimension von Klimaschutzmaßnahmen zu verstehen. Klimabefürworter – angeführt von der moralischen Stimme junger Menschen – haben die Agenda durch die dunkelsten Tage hindurch in Bewegung gehalten. Sie müssen geschützt werden. Ihnen allen möchte ich sagen, dass wir ihre Frustration teilen. Aber wir brauchen sie jetzt mehr denn je.

[...] Lassen Sie uns gemeinsam im Kampf für Klimagerechtigkeit und Klimaziele nicht nachlassen. Wir können und müssen diesen Kampf um unser Leben gewinnen.

Quelle: Vereinte Nationen, Bonn, 2023 (https://unric.org/de/cop27guterres21112022/)

Peter Fox kämpft für Klimagerechtigkeit

Schon lange engagiert sich Peter Fox für den Kampf gegen die Klimakrise. Mit diesem Wissen hören sich einige seiner Songs ganz anders an, wie beispielsweise „Fieber" aus dem Jahr 2008. Für großes Aufsehen hatte auch sein wütender Facebook-Post 2013 gesorgt, als im EU-Parlament eine Reform des Klimaschutzes gestoppt worden war. Zu einer Hymne ist sein Song „Zukunft Pink" geworden, in dem er auch Slogans von Friday for Future verwendet. Sein 2023 erschienenes Album „Love Songs" soll laut Fox das Ende seiner Solo-Karriere sein. Gern möchte er sich in Zukunft mehr politisch engagieren. Im Sinne einer Klimagerechtigkeit fordert er eine höhere Besteuerung der Reichen.

„Erst mal ist klar, dass die Industrieländer des Westens, die [...] für den Großteil der Emissionen der letzten 100 Jahre verantwortlich sind, einen größeren Beitrag leisten müssen als Entwicklungs- oder Schwellenländer. [...] Mein amateurhafter Vorschlag wäre, die Verteuerung von Energieverbrauch in der Produktion, beim Konsum und Verkehr deutlicher als bisher geplant zu erhöhen [...]."

Peter Fox
Frontsänger von SEEED

Quelle: Arvanitidou, Zina: Die Welt muss sich drehen und nichts kann so bleiben. Friedrich-Ebert-Stiftung, Bonn, 03.12.2019 (https://www.fes.de/themenportal-wirtschaft-finanzen-oekologie-soziales/artikelseite/die-welt-muss-sich-drehen-und-nichts-kann-so-bleiben-1)

Loss and Damage Fund – Pressemeldung zum Auftakt der COP28 in Dubai

Auf der Weltklimakonferenz in Dubai 2023 (COP28) haben gleich zu Beginn Deutschland und die Vereinigten Arabischen Emirate jeweils 100 Mio. US-$ zum Ausgleich von Klimaschäden (Loss and Damage Fund) zur Verfügung gestellt. Andere Länder schlossen sich dem an. So geben die USA 17,5 Mio. und Großbritannien 60 Mio. US-$. Die finanziellen Zusagen wurden allgemein begrüßt. Der Präsident der COP28, Sultan al-Dschaber, verwendete die Begriffe „historisch" und „phänomenal". Bundesentwicklungsministerin Svenja Schulte lobte die „bahnbrechende Entscheidung für die Verwundbarsten".

Loss and Damage Fund – Kommentar von Karola Knuth, Bundesvorstand der BUNDjugend

Mit 700 Millionen US-Dollar wurde endlich in den Fonds für klimabedingte Schäden und Verluste eingezahlt. Gut ist, dass ein Teil davon aus einem reichen Land außerhalb des Globalen Nordens kommt. Allerdings kommen die historisch für einen Großteil der Emission verantwortlichen Länder – zum Beispiel USA, EU – wie so oft ihrer Verantwortung nicht nach und geben unglaublich wenig Geld und dann auf die falsche Art. Eigentlich ist mindestens 570-mal so viel nötig. Dass die Zahlungen freiwillig sind und wichtige Fragen weiterhin ungeklärt bleiben, zum Beispiel wie das Geld bei den Betroffenen ankommt, trübt das Ergebnis zusätzlich. Für gute Beschlüsse müssen Betroffene in den UN-Prozess eingebunden werden. Dazu müssten endlich mehr Frauen, junge Menschen, indigene Gruppen und Arbeiter*innen mitreden dürfen.

Quelle: Bund für Umwelt und Naturschutz Deutschland e. V. (BUND) – Friends of Earth/Karola Knuth: COP28: Verpasste Chance für Klimagerechtigkeit. Berlin, 13.12.2023

„We are sinking!"

Simon Kofe, Außenminister des pazifischen Inselstaates Tuvalu beklagt am 9. November 2021 in einer an die Delegierten der UN-Klimakonferenz in Glasgow, Schottland, übertragenen Rede die Folgen des Klimawandels für sein Land. Er steht dabei bis zu den Knien im Wasser.

Frage ChatGPT:

- Ist der pazifische Inselstaat Tuvalu von Klimaungerechtigkeit betroffen?
- Wie könnte der pazifische Inselstaat Tuvula vom Loss and Damage Fund profitieren?

Klimagerechtigkeit – so wird Klimaschutz sozialer und effektiver
Die Klimakrise betrifft uns alle. Aber gerade die Ärmsten leiden unter den Folgen am meisten, während sie am wenigsten CO_2 verursachen. Podcast von Quarks Daily:

Sorgt das Klimageld für Klimagerechtigkeit?
Benzin, Gas und Öl sind 2024 in Deutschland teurer geworden, weil ein höherer CO_2-Preis dafür fällig geworden ist. Durch diese Verteuerung klimaschädlicher Energien ist beabsichtigt, dass die Bürger umsteigen auf klimafreundliche Lebensstile.
Die zusätzlichen Einnahmen, die der Staat aus dem zukünftig auch weiter steigenden CO_2-Preis erhalten wird, sollen aber an die Bürger zurückerstattet werden. Jeder Bürger soll ein sogenanntes Klimageld erhalten – für alle soll das Klimageld in gleicher Höhe ausgezahlt werden. Wann das Klimageld erstmals ausgezahlt wird, darüber streitet noch die Politik.
Wer zukünftig also z. B. statt mit dem Auto mit dem Fahrrad oder mit Bus oder Bahn unterwegs ist, für den wird es sich doppelt lohnen. Er zahlt weniger für seine Mobilität, eine CO_2-Bepreisung entfällt ja oder sie fällt niedriger aus; trotzdem erhält diese/dieser sich umweltfreundlich verhaltene Bürger*in aber das Klimageld in voller Höhe. Einkommensstärkere Bürger*innen, die nach wie vor hohe CO_2-Emissionen verursachen, zahlen zukünftig viel Klimageld ein, erhalten aber vergleichsweise weniger zurück. Einkommensschwächere Personen hingegen werden durch das Klimageld finanziell entlastet und können sogar vom Klimageld profitieren, wenn sie z. B. umweltfreundlich unterwegs sind. Klimaschutz soll sich so finanziell lohnen, aber auch sozial gerecht sein. Das ist die Idee, die hinter dem Klimageld steckt.

Wir lernen dazu!

Anteil ausgewählter Länder an den weltweiten CO_2-Emissionen (2022)

Quelle: https://ourworldindata.org/

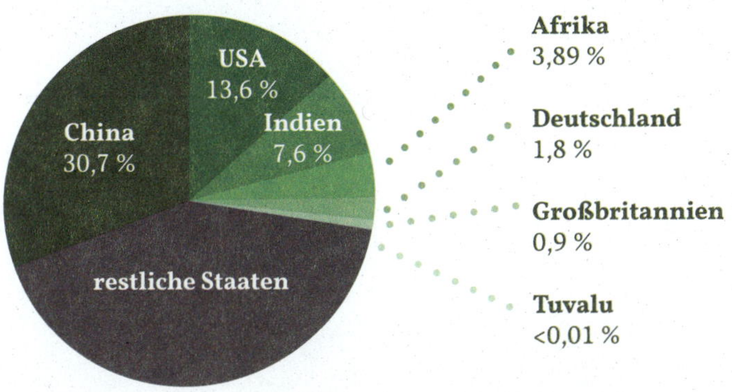

CO_2-Emissionen je Einwohner (2022)

Quelle: https://ourworldindata.org/

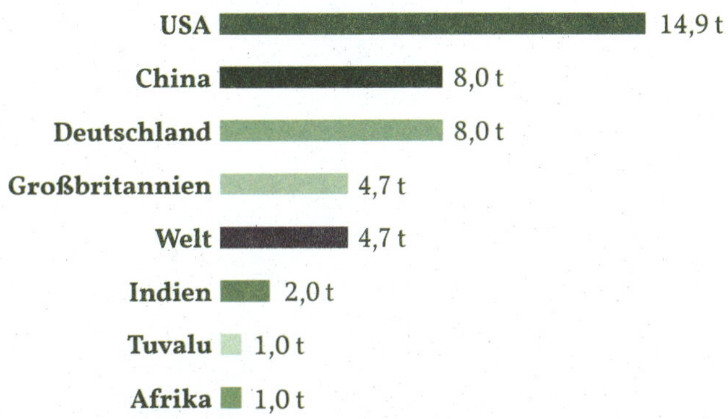

Anteil der CO_2-Emissionen nach Ländern/Regionen seit Beginn der Industrialisierung

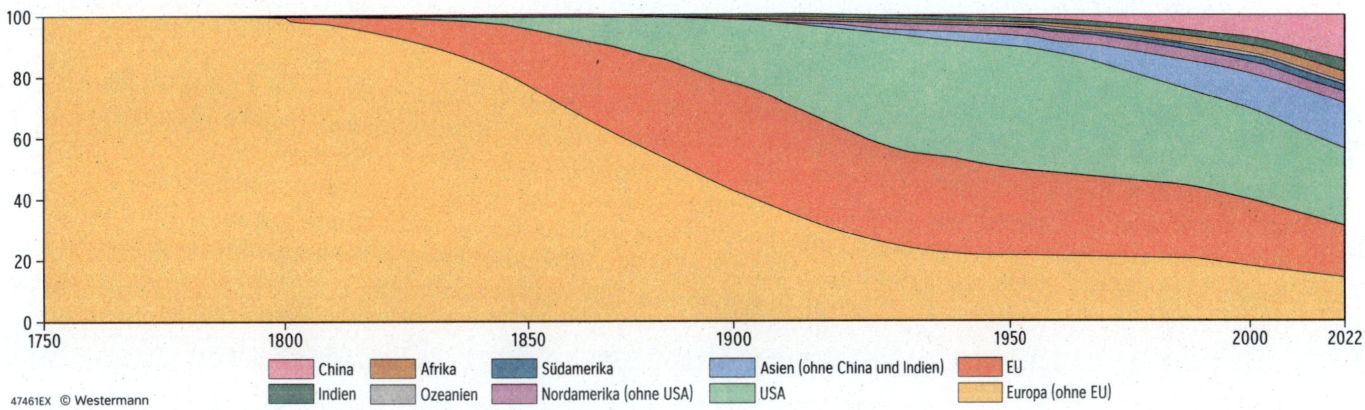

Quelle: https://ourworldindata.org/co2-emissions#cumulative-co2-emissions

Verletzlichkeit (Vulnerabilität) von Ländern gegenüber dem Klimawandel

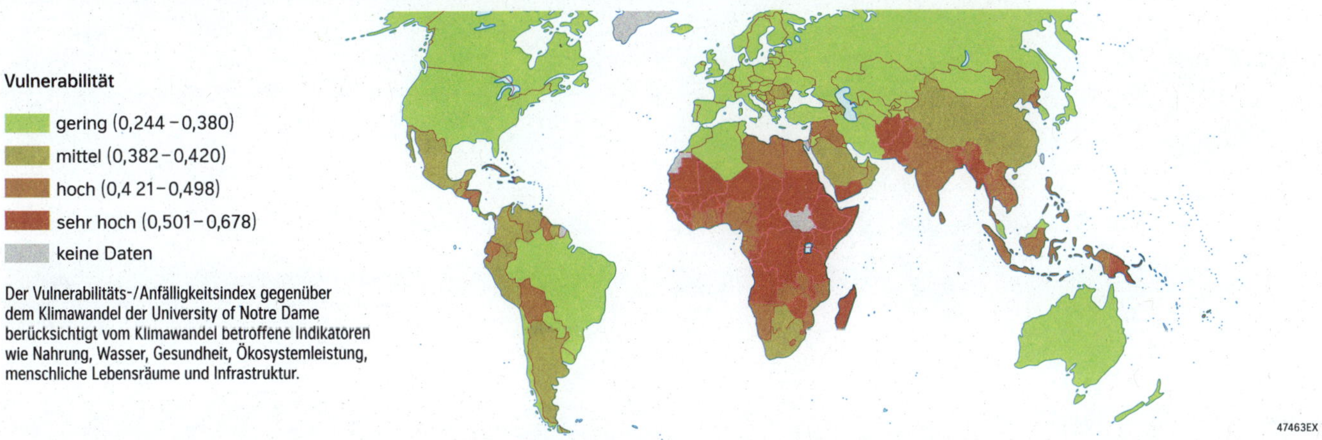

Quelle: https://gain.nd.edu/our-work/country-index/rankings/

Wir recherchieren!

Bundeszentrale für politische Bildung
- Allgemeine Einführung in Klimagerechtigkeit
- Ungerechtigkeit für bestimmte Geschlechter, Altersgruppen oder Regionen
- Unterscheidung von Verteilungsgerechtigkeit, wiedergutmachende Gerechtigkeit und prozedurale Gerechtigkeit

Frage Chat-GPT:
Warum ist Klimagerechtigkeit so wichtig?

Witnesses describe climate change in Africa – Authentische Berichte zu Folgen des Klimawandels in Afrika

Amnesty International
- Deutschlands Rolle in der Klimagerechtigkeit
- Intersektionale Maßnahmen
- Forderungen für Änderungen auf nationaler und internationaler Ebene

Klimawandel gefährdet vor allem die Kinder

Fast jedes zweite Kind weltweit ist nach Schätzung von UNICEF durch die Auswirkungen des Klimawandels „extrem stark gefährdet“. Betroffen seien rund eine Milliarde von 2,2 Milliarden Mädchen und Jungen, heißt es in einem von dem UN-Kinderhilfswerk veröffentlichten Klima-Risiko-Index für Kinder. „Obwohl Kinder und Jugendliche am wenigsten für den Klimawandel verantwortlich sind, sind sie schon jetzt am stärksten von seinen Auswirkungen betroffen“, so der Bericht. Darin sind acht klima- und umweltbedingte Gefahren wie Hitzewellen, Überflutungen und Krankheiten infolge der Erderwärmung als Einzelgefahren definiert, die dann zu einer von fünf Bedrohungsstufen zusammengefasst werden.

Quelle: Klimawandel gefährdet vor allem die Kinder. Norddeutscher Rundfunk, Hamburg, 20.08.2021, (https://www.tagesschau.de/ausland/amerika/unicef-klimaindex-101.html#:~:text=Fast%20jedes%20zweite%20Kind%20weltweit,%2DRisiko%2DIndex%20f%C3%BCr%20Kinder)

Risiken für Kinder infolge des Klimawandels (berechnet nach dem UNICEF-Klima-Kinderrisiko-Index)

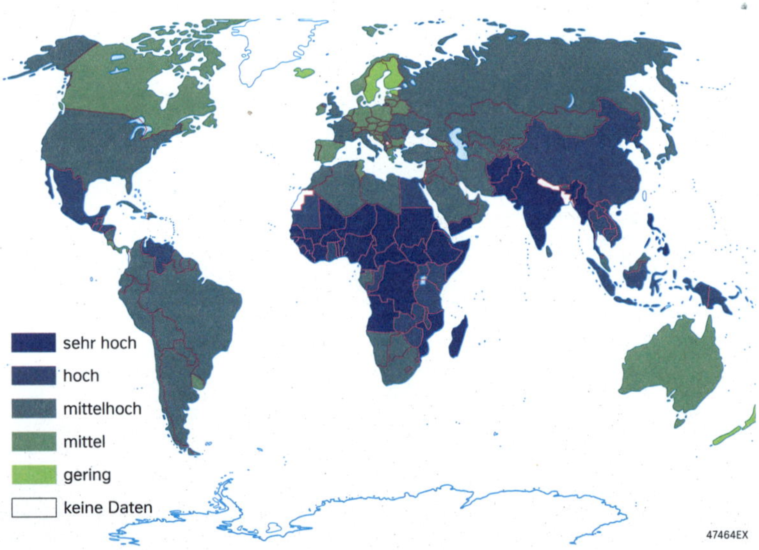

Quelle: https://www.unicef.org/reports/climate-crisis-child-rights-crisis

UNICEF: Wie die Klimakrise Kinder und Jugendliche trifft

UNICEF: The climate crisis is a child rights crisis

Wir entwickeln Ideen!

Wir erstellen Podcasts zu Klimagerechtigkeit
Vorbilder:

Schüler*innen sprechen über Klimagerechtigkeit

Climate talk with Anna & Alex

creactiv Podcast für Klimagerechtigkeit

Für ein Klima der Gerechtigkeit – ein Wegweiser
Der im Internet abrufbare Flyer der BUNDjugend hilft euch, einen „Weltraumblick" abzulegen und euch in die Situation von Personen zu versetzen, die wirklich vom Klimawandel betroffen sind und nichts dafür können. Zudem gibt der Flyer viele Hinweise, wie wir mehr für Klimagerechtigkeit tun können.

Weltklimakonferenz: Jugendliche fordern mehr Klimagerechtigkeit
Mehr Jugendbeteiligung bei Klimakonferenzen und in der Klimapolitik ist überhaupt ein wichtiges Anliegen. Hier findet ihr Vorbilder, die sich im Verbund mit dem Partner „Kindernothilfe" alljährlich mit überzeugenden Argumentationen für mehr Klimagerechtigkeit bei Klimakonferenzen einsetzen.

BUNDjugend: Klimagerechtigkeit
Wir entwickeln Ideen zu Handlungsfeldern wie:

- Warum Frauen stärker vom Klimawandel betroffen sind
- Klimagerechtigkeit ist queer
- Über Kolonialismus und Klimakrise
- Warum es auch White Fridays for Future heißen könnte ...

Engagiert euch: Schreibt eine Petition!
Ihr ärgert euch über Klimaungerechtigkeiten. Zum Beispiel, dass eure Rechte auf eine gesunde Umwelt durch klimaschädliches Verhalten anderer gefährdet sind. Vielleicht ist es an der Zeit, euren Unmut über eine Petition an die Politik kundzutun. Petitionen können an die zuständige Landesregierung, aber auch an den Bundestag geschickt werden.
Auf den Homepages vieler Landesregierungen findet ihr Hinweise, wie einfach es ist, eine Petition zu stellen. Wie man eine Petition an den Deutschen Bundestag gestaltet, das erfahrt ihr hier:

World's Youth for Climate Justice

- Kampagnen zur Durchsetzung von Klimagerechtigkeit
- Initiativen/Podcasts von jungen Leuten aus aller Welt
- Aktuelle Events zu Klimagerechtigkeit
- Handbuch: Human Rights in the face of the climate crises: A Youth-led initiative to bring climate justice to the International Court of Justice

Wir schließen uns zusammen!

NaturFreunde

Unser internationales NaturFreunde-Netzwerk unterstützt euch, zu NaturFreund*innen im Globalen Süden Kontakt aufzunehmen.
Gemeinsam mit Partnerorganisationen aus der ganzen Welt engagieren sich unsere Mitglieder im Netzwerk NaturFreunde Global für Natur- und Umweltschutz, Umweltbildung, Klimagerechtigkeit, Armutsbekämpfung, Geschlechtergerechtigkeit sowie einen sanften und sozial verträglichen Tourismus. Unsere Partner*innen bestimmen dabei ganz wesentlich unsere gemeinsame Arbeit vor Ort: Sie regen Maßnahmen an, wir unterstützen sie bei der Durchführung.

Quelle: NaturFreunde Deutschland. Berlin, 2023 (https//www.naturfreunde.de/global)

Mögliche Kooperationspartner bzw. Hinweise auf Kooperationspartner

- Klima-Allianz Deutschland (Bündnis von weit mehr als 100 Mitgliedsorganisationen)
- Ökumenisches Netzwerk Klimagerechtigkeit
- Churches for Future
- Eine-/Aller-Welthäuser in eurer Stadt/Gemeinde
- kommunale Klimapartnerschaften

SPARK A Change – schließe dich zusammen!

Junge Leute aus Europa schließen sich zusammen. Beispiel: 133 610 Menschen unterstützten die Forderung der kenianischen Klimaaktivistin Elizabeth Wathuti nach einem internationalen Loss-and-Damage-Klimafonds. Mit Erfolg!

Plant-for-the-Planet

Plant-for-the-Planet will mit Baumpflanzaktionen weltweit Kohlendioxid aus der Luft binden und für Klimagerechtigkeit sorgen. 100 000 Jugendliche aus 75 Ländern versuchen auf diese Weise, Treibhausgasemissionen zu kompensieren.

#WirKLIMAHANDELN!

Österreich: Kinder klagen ihr Recht auf einen wirksamen Klimaschutz ein

Video

creactiv FÜR KLIMAGERECHTIGKEIT

KinderKultur Karawane – Eine Bühne für die Jugend der Welt

Seit 2016 sind Hamburger Schüler*innen aktiv und tauschen sich mit Jugendlichen des Globalen Südens zu den weltweiten Auswirkungen des Klimawandels aus und befassen sich natürlich auch mit Klimagerechtigkeit.
Junge Künstler*innengruppen aus dem Globalen Süden stellen z. B. aus ihrer Perspektive Klimawandel in die Kontexte von Armut, Krieg oder Flucht. Schüler*innen entwickeln gemeinsam mit ihnen kreative Aktionen zu Klimagerechtigkeit und stellen ihre Präsentationen in Schule und Stadtteil aus.
Die Austauschmöglichkeiten können auch von Schüler*innen aus anderen Bundesländern genutzt werden.

Aktionstage: Gemeinsam für Klimagerechtigkeit
Diese NaturFreunde-Aktion von 2022 zeigt vielfältige Möglichkeiten zur Gestaltung von Aktionstagen zum Thema „Klimagerechtigkeit“ auf, z. B. Klimafrühstück, Vorträge mit Referent*innen aus dem Globalen Süden, soziale Wanderung.

Klimaneutrale Schule
Deutsche Schulen können nicht immer so leicht Treibhausgase einsparen. Darum wählen manche Schulen die CO_2-Kompensation: Um trotz unvermeidbarer CO_2-Emissionen klimaneutral zu werden, gibt es nur eine Lösung: Das Weltklima würde durch zur Zeit unvermeidbaren Treibhausgase nur dann nicht geschädigt, wenn zur gleichen Zeit irgendwo auf der Erde die gleiche Menge an Treibhausgasen vermieden, d. h. eingespart würde, sodass die weltweite CO_2-Konzentration konstant bliebe. Die CO_2-Kompensation bedeutet bezogen auf das Weltklima die Wiedergutmachung einer unvermeidbaren Emission. Deutsche Schulen sorgen dafür, dass die hier nicht vermeidbaren Treibhausgase in Kenia eingespart werden. So gelingt es ihnen, klimaneutral zu werden.

Quelle: Stein, Christoph: Wie niedersächsische Schulen klimaneutral werden. Klimaneutrale Schule, Flyer, Wolfsburg, S. 2 (https://www.hvf-bs.net/fileadmin/Bildmaterial/Schulleben/Klimaneutrale_Schule/FlyerKlimaneutrale_Schulen_2020-09-11_digital.pdf)

Holzsparender Schulofen in Kenia – die Anschaffung wurde von einer deutschen Schule finanziell unterstützt

SDG 13 – Zusammenhänge mit anderen SDGs

Climate Action Now! Forderung vom Team Malizia um Boris Herrmann. A Race We Must Win – Damit alle SDGs erreicht werden, muss das Rennen gegen die Klimakrise gewonnen werden. Hier: Fly-by in Kiel beim Ocean Race 2022/23

Wir werden neugierig!

Interview mit Maja Göpel

Maja Göpel ist Transformationsforscherin und Nachhaltigkeitsexpertin. Sie ist Mitinitiatorin von „Scientists for Future“. Aktuell plant sie ein Zentrum, um den Chancen einer klimagerechten Transformation mehr Aufmerksamkeit zu ermöglichen.

#WirKLIMAHANDELN! inspiriert zum gemeinschaftlichen Nachhaltigkeitshandeln. Inwiefern ist aus Ihrer Sicht das WIR hierbei so bedeutsam?

Einzelne Menschen, die etwas ausprobieren, etwas verändern, sich trauen, werden oft zweifelnd angeschaut. Wenn dann jedoch der oder die Erste folgen und immer mehr mitmachen, dann entsteht daraus ein Trend und das Neue kann selbstverständlich werden. Wir haben als soziale Wesen die wunderbare Fähigkeit, uns gegenseitig über neue Perspektiven zu informieren und zum Handeln zu ermutigen. Die meisten von euch werden wissen, dass Greta Thunberg zunächst allein vor dem schwedischen Parlament in Stockholm immer freitags protestierte und die Schule ausfallen ließ. Hieraus ist Fridays for Future entstanden. Eine weltweite Bewegung. Andere folgten und entwickelten eine Idee weiter.

Im Zentrum von #WirKLIMAHANDELN! steht das Engagement gegen die Klimakrise. In diesem Kapitel stehen die Zusammenhänge mit anderen Herausforderungen im Zentrum. Welche Zusammenhänge sind aus Ihrer Sicht besonders relevant?

Unsere Wirklichkeit ist in komplexen Systemen strukturiert. Sie sind in sich, aber auch untereinander vernetzt. Wenn wir schnell etwas verändern wollen, neigen wir dazu, einzelne Symptome, Sachen, die uns gerade besonders stören, zu bekämpfen. Nur bringt das eben keine nachhaltige Veränderung eines Trends, wenn wir die tieferen Ursachen nicht aufspüren. Oder wir lösen ein Problem, schaffen aber durch unser Handeln anderswo neue.

Ein Beispiel aus unserem Alltag: Wenn wir anstelle von Autos, die mit Benzin oder Diesel betankt werden, künftig genauso viele oder sogar mehr Autos haben, die wir mit Strom betanken, vielleicht sogar mit Strom aus Wind-, Sonnen- oder Wasserenergie,

ARD-Doku zu bereits vorhandenen Lösungen:

- Mobilität
- Wohnen und Bauen
- Essen und Ernten
- Neue Energien
- Wald und Wiesen
- Wirtschaft mal anders

Maja Göpel hat als Expertin bei dieser Doku mitgewirkt.

haben wir dann wirklich eine gute Lösung gefunden? Sobald wir Nebeneffekte wie Ressourcen- und Flächenverbrauch für die vielen, meist rumstehenden Fahrzeuge betrachten, nein. Denn auch hier stoßen wir an die Grenzen der Verfügbarkeit, wenn das Artensterben und die Wasserknappheit nicht weiter verschärft werden sollen oder das Verkehrschaos in unseren Städten. Deshalb ist es heute so relevant, immer an die Wurzel der Symptome zu gehen, also zu fragen, worum es eigentlich geht. In diesem Fall geht es um unsere Art und auch die Notwendigkeit uns fortzubewegen, um Mobilität. Dafür gibt es viele Möglichkeiten, aber die Planung von Infrastruktur und Angeboten waren Jahrzehnte meist auf das Auto ausgelegt und da ging der Trend zu immer größeren Karossen. Öffentlicher Nahverkehr, verlässliche Zugverbindungen, sichere Radwege, kleine Elektroautos und Plattformen, mit denen wir diese möglichen Wege kombinieren und Autos teilen können – das wäre eine systemische Perspektive darauf, wie wir das Bedürfnis nach Mobilität mit dem kleinsten ökologischen Fußabdruck organisieren können. Und wir wären befreit von der Notwendigkeit, ein Auto zu besitzen und dafür zu bezahlen, selbst wenn wir es 95 Prozent der Zeit nicht nutzen.

Warum ist es so wichtig, dass wir diese Zusammenhänge kennen und berücksichtigen?

Weil jede Veränderung an einer Stelle auch etwas an anderer auslöst. Das Bienensterben bedeutet eben nicht nur, dass Bienen tot sind. Es bedeutet, dass Pflanzen nicht bestäubt werden, dass Nahrungsketten zusammenbrechen und damit Lebensmittel knapp und teuer werden. Unsere natürliche Mitwelt ist ein wunderbar miteinander funktionierender und oft ja auch wunderschöner Bioreaktor. Wir Menschen sind ein Teil davon. Wir können die Effekte unseres Handelns besser einschätzen, wenn wir versuchen, möglichst viele Zusammenhänge zu verstehen, heute und auch wie sie sich über die Zeit entwickeln.

Das systemische Denken spielt hierbei eine große Rolle. Was bedeutet das genau?

Überall in unserem Alltag begegnen uns sogenannte Systeme. Ihr kennt sie z. B. als Ökosystem, Herz-, Kreislaufsystem, besagtes Verkehrssystem und in der Corona-Zeit war die Belastung des Gesundheitssystems immer wieder Thema. Systeme entstehen durch die Beziehungen zwischen verschiedenen Teilen, die miteinander vernetzt sind und aufeinander wirken. Oft verlieren wir das aus dem Blick, weil es eben einfach läuft: Wasser ist da, wir sind gesund, gelangen verlässlich von A nach B oder können behandelt werden, wenn wir es brauchen. Erst wenn etwas nicht mehr klappt, bemerken wir, was uns eigentlich selbstverständlich erscheint. Wenn beispielsweise ein wichtiger Arzttermin nicht schnell genug zu bekommen ist oder wenn wir sehen, dass die Wiesen komplett vertrocknet sind. Dann sind die Abläufe aus der Balance geraten, irgendwo fehlt ein Beitrag oder es wird plötzlich viel mehr gebraucht als das, was geleistet werden kann. Und das kann sich dann von einem Ort an einen anderen übertragen oder von einem System auf ein anderes. Werden immer mehr Menschen krank durch Viren, können sie nicht mehr arbeiten und damit werden andere Dinge wie zum Beispiel die Betreuung in der Kita knapp, womit dann Eltern nicht mehr arbeiten können und als Bäckerin oder Busfahrer oder Pfleger fehlen. Während der Lockdowns in der ersten Corona-Welle war zum Beispiel von systemrelevanten Berufen die Rede: Menschen, ohne die eine Versorgung mit Essen, Energie und Pflege nicht möglich war, sind weiter zur Arbeit gegangen. Der Rest blieb zu Hause.

Wie schauen wir am besten näher hin?

Durch neugieriges Fragen. Wo kommen das Wasser, die Nahrungsmittel, der Sauerstoff her, die es überhaupt erst möglich machen, dass wir gut versorgt sind mit allem, was unser Körper braucht, um gesund zu sein? Wie entsteht aus dem, was die Menschen dann wiederum ausscheiden, erneut sauberes Wasser, gesunde Nahrungsmittel und Sauerstoff? Sicher nicht ohne die Ökosysteme oder auch Umwelt, in der viele kleine Tiere, Bakterien, Pilze dafür sorgen. Und die brauchen auch Nahrung, Wasser und

Platz. Deshalb sollen jetzt 30 Prozent der Land- und Wasserflächen auf dem Planeten so geschützt werden, dass wir sie nicht verschmutzen, abholzen oder zubetonieren. Deshalb finde ich es komisch, wenn wir immer noch hören, dass wir uns Umweltschutz nicht leisten können: Eigentlich ist das unsere Mitwelt, ohne deren ausreichende Gesundheit auch wir Menschen nicht gesund versorgt leben können.

Nun kann die Klimakrise durch die vielen Zusammenhänge noch größer wirken. Inwiefern können wir besonders lohnend Einfluss auf die Klimakrise und deren Zusammenhänge mit anderen Herausforderungen nehmen?

Indem wir da anfangen, wo wir Wirkung haben. Besonders wichtig für das Klima sind Veränderungen beim Reisen und Heizen, also weniger oft und dafür länger Urlaub machen, insbesondere nicht so oft fliegen und zu Hause auch mal den Pulli rausholen oder in den Zimmern, wo ihr kaum seid, die Heizung ausmachen. Auch die Menge an Fleisch, die wir essen, hat einen großen Einfluss auf viele Umweltfragen von Klima bis zum Schutz des Grundwassers. Wenn wir darauf achten, aus welcher Haltung das Fleisch kommt, werden auch die Tiere besser behandelt. Genauso interessant ist die Anzahl an Kleidungsstücken und wie sie hergestellt worden sind. Gute Qualität kostet mehr, hält aber auch länger und es gibt Siegel, die anzeigen, ob sie mit hohem Umweltschutz hergestellt wurden. Einfach mal gebrauchte Kleider kaufen oder tauschen ist auch super, denn es ist verrückt, wie viele Stücke wir wegschmeißen, die eigentlich noch in Ordnung sind. Wenn wir uns freundlich darüber austauschen, warum wir uns für diese Sachen entscheiden und uns erzählen, wo es diese Angebote gibt, können wir uns gegenseitig informieren und ermutigen. Wenn es dann immer mehr Personen so machen, wird das auch normaler. Als ich Vegetarierin geworden bin, gab es in noch fast keinem Restaurant etwas Interessantes zu Essen ohne Fleisch, immer die gleichen Nudeln mit Tomatensoße oder Pommes. Heute fragen viele Menschen nach vegetarischem Essen und deshalb gibt es auch immer mehr Angebote – so entsteht Veränderung. Vielleicht hört ihr manchmal auch ein „Wir schaffen es eh nicht mehr rechtzeitig“, wenn es um das Ziel geht, das Klima zu schützen. Aber auch das Klima ist ein komplexes System und jeder Schritt, der den Trend zu immer mehr CO_2-Emissionen bremst, bringt uns näher an eine erneute Balance. Deshalb gibt es kein „zu spät“, sondern nur die Frage danach, wann wir den Trend gestoppt haben. Denn: je weniger Temperaturanstieg desto besser.

Maja Göpel ist auch als Buchautorin tätig. Nach ihrem ersten Buch „Unsere Welt neu denken – eine Einladung“ erschien im Herbst 2022 das zweite Buch „Wir können auch anders“.

Sie sprechen in Ihrem neuen Buch davon, dass wir alle „Wirks“ sind, da wir mit unserem Wirken die Wirklichkeit beeinflussen. Erklären Sie uns das doch bitte!

Gerne. Der deutsche Physiker Hans-Peter Dürr hat mir erklärt, dass wir in komplexen Systemen mit ihren vielen Vernetzungen alle aufeinander wirken. Jeder und jede von uns nimmt mit seinem oder ihrem Verhalten Einfluss auf seine und ihre Mitmenschen.

Das könnt ihr ganz einfach ausprobieren. Wenn ihr heute mal besonders freundlich seid, genauer zuhört oder einfach Menschen freundlich zulächelt. Das verändert die Reaktion der Menschen, denen ihr begegnet. Wie auch die Frage nach einem vegetarischen Gericht oder woher ein Kleidungsstück kommt, andere dazu anregt, sich darüber Gedanken zu machen. Und die Reaktion auf der anderen Seite löst wiederum in euch etwas aus. Und so entsteht Wirklichkeit, also unser Erleben der Welt und welche Dinge wir für interessant, wichtig, albern oder richtig halten. Ihr wirkt also immer. Wenn ihr nicht fragt, achtet jemand anderes vielleicht weiter nicht darauf, wenn ihr unfreundlich seid, wird sich die Beziehung zu der anderen Person auch verändern.

Was möchten Sie den Schüler*innen abschließend für ihr Klimahandeln mitgeben?

Euch nicht entmutigen zu lassen. Auf der Erde gibt es heute alles, was wir brauchen, um ein gutes Leben zu haben. Es ist an uns, das nicht kaputt zu machen und es gut zu teilen. Und darauf könnt ihr hinwirken. Jeden Tag einen kleinen Schritt. Wenn das viele Leute machen, wird auch viel Veränderung daraus: Viele Kleine machen einem Großen Beine!

Billie Eilish – Radikale Hoffnung

Billie Eilish (21) leidet, wenn sie über die globale Erwärmung und die Klimakrise spricht oder daran denkt. Ihr wird sogar regelrecht schlecht, sobald sie über die aktuelle Situation der Natur und wie wir als Menschheit mit ihr umgehen nachdenkt.

Für das US-Modemagazin VOGUE setzte sich Billie Eilish mit acht Klimaaktivist*innen – darunter Isaias Hernandez and Quannah Chasinghorse – zusammen und sprach mit ihnen über die Folgen der Klimakrise.

In diesem Gespräch gab Billie Eilish zu, dass die Klimakrise sie mental belastet: „Ich fühle mich schlecht", räumte sie ein. „Was soll man tun oder nicht tun? Wie geht es euch, Leute, einigermaßen okay? Denn ich möchte die ganze Zeit auf den Boden reihern." Billie Eilish beschrieb, dass sie für sich versucht, das Bestmögliche zu tun. So achte sie beispielsweise beim Shopping ganz bewusst auf die Nachhaltigkeit. Bei der Ernährung verzichtet sie als Veganerin auf jegliche tierischen Produkte, sondern nimmt nur rein Pflanzliches zu sich.

Ein ganz besonders schwieriges Thema ist für Billie Eilish als weltweit erfolgreiche Sängerin das Fliegen. Sie hasse es einfach, dass es oft keine Alternative gebe als mit dem Flugzeug zu reisen. Gleichzeitig lerne sie, es zu akzeptieren, dass diese Form der Fortbewegung zu ihrem aktuellen Beruf und ihrem momentanen Leben gehöre. Daher versuche sie, ihren ökologischen CO_2-Fußabdruck möglichst niedrig zu halten. „Wir wünschten alle, dass wir selbst mehr tun könnten. Ich wünschte, ich könnte einfach mein Leben verändern und damit allein die Welt retten", sagt Billie Eilish. „Ich würde gern meine eigenen Lebensmittel anbauen und ganz unabhängig leben. Und tatsächlich könnten wir es hinkriegen, wenn jeder einzelne auch nur die Hälfte von dem täte, was zu tun ist", klagt Billie Eilish, die mit ihren Sorgen ganz sicher nicht allein dasteht.

Nicht nur im Alltagshandeln setzt sich Billie Eilish aktiv für den Kampf gegen die Klimakrise ein. Immer wieder nutzt die US-Sängerin ihre Reichweite, um auf wichtige Themen aufmerksam zu machen. Bereits im Sommer hatte Billie Eilish in der Londoner Multifunktionsarena „The O2“ das Event „Overheated“ ins Leben gerufen und dort mit Aktivist*innen, Musiker*innen und Designer*innen über die Klimakrise diskutiert.

Bemerkenswert ist, dass die Sängerin sich stark für den Kampf gegen die Klimakrise engagiert, aber niemandem Vorwürfe machen möchte: „Ich habe mir allergrößte Mühe gegeben, den Menschen nicht ständig einen Spiegel vorzuhalten. Die Menschen reagieren da einfach nicht so gut drauf. Das schadet einfach der ganzen Sache, wenn man andere total nervt.“ Sie versuche deswegen auch nicht andere zu belehren: „Ich werde dir nie sagen, was du tun sollst. Ich erkläre dir nur, warum ich das tue.“

Die 21-Jährige ist sich aber auch nicht zu schade zuzugeben, dass sie selber natürlich auch noch dazu lernt: „Ich weiß nicht viel. Ich lerne noch.“

Billie Eilish hat als Sängerin natürlich vor allem mit ihren Songtexten die Chance Menschen zu erreichen. Besonders viel Aufmerksamkeit erhielt sie für das Musikvideo zu ihrem Song „All the good girls go to hell“. Denn dieses Video ist viel mehr als nur ein normales Musikvideo. Es enthält eine wichtige Botschaft über den Kampf gegen die Klimakrise. In dem Video zeigt sich Billie Eilish als ein gefallener Engel, der in einem Ölteppich landet. Sie versucht sich zu befreien, aber es ist ein großer Kampf – genau wie der Kampf gegen die Klimakrise.

ALL THE GOOD GIRLS GO TO HELL

My Lucifer is lonely

Standing there, killing time
Can't commit to anything but a crime
Peter's on vacation, an open invitation
Animals, evidence
Pearly Gates look more like a picket fence
Once you get inside 'em
Got friends but can't invite them

Hills burn in California
My turn to ignore ya
Don't say I didn't warn ya

All the good girls go to Hell
'Cause even God herself has enemies
And once the water starts to rise
And Heaven's out of sight
She'll want the Devil on her team

My Lucifer is lonely

Video: All the good girls go to hell

Quelle: O'Connell, Billie Eilish / O'Connell, Finneas Baird
DRUP/Universal/MCA Music Publishing GmbH, Berlin
Last Frontier/Kobalt Music Publishing Ltd/Printrechte Hal Leonard Europe GmbH

Billie Eilish und acht Klimaaktivist*nnen im Vogue-Interview

ÜBERSETZUNG

Mein Luzifer ist einsam

Stehst da, Zeit totschlagend
Kannst dich zu nichts verschreiben, außer zum Verbrechen
Petrus ist im Urlaub, eine offene Einladung
Tiere, Beweise
Perlmutt Tore sehen eher aus wie ein Lattenzaun,
Sobald du durch sie durch trittst
Hast Freunde aber kannst sie nicht einladen

Hügel brennen in Kalifornien
Ich bin damit dran, dich zu ignorieren
Sag nicht, ich hätte dich nicht gewarnt

Alle guten Mädchen kommen in die Hölle
Denn auch Gott selbst hat ihre Feinde
Und sobald das Wasser beginnt zu steigen
Und der Himmel außer Sicht gerät,
Wird sie den Teufel in ihrem Team haben wollen

Mein Luzifer ist einsam

MASSNAHMEN ZUM KLIMASCHUTZ

HOCHWERTIGE BILDUNG

SDG 13 – SDG 4

Wir werden neugierig!

„Unsere Schulbildung sorgt aktuell nicht für eine nachhaltige Entwicklung, insbesondere nicht im Kampf gegen die Klimakrise. Denn je höher die Bildung, umso höher ist in der Regel auch das Einkommen. Und je höher das Einkommen, umso höher sind auch die Treibhausgasemissionen.“

Prof. de Haan, didacta Stuttgart, 2023

Wir lernen dazu!

Einkommensgruppen und zugehörige CO_2-Emissionen weltweit (2019)

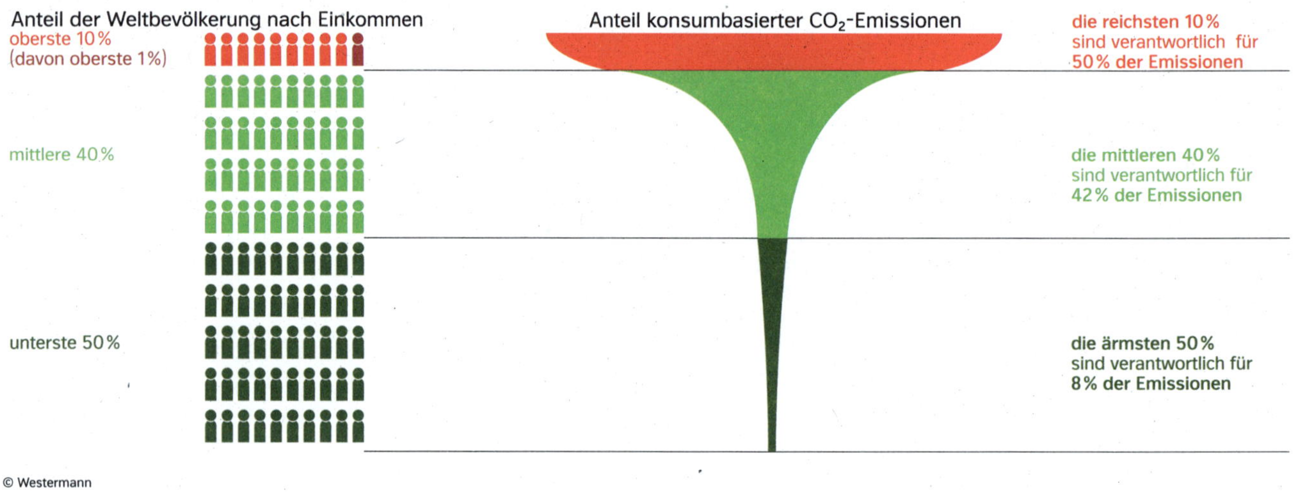

Quelle: Oxfam: Climate Equality: A Planet for the 99 %. 2023, S. xiii

Wir recherchieren!

Handeln im Sinne der SDGs (Ergebnisse der PISA-Studie 2018, in Deutschland: 5451 Schüler*innen an 226 Schulen)

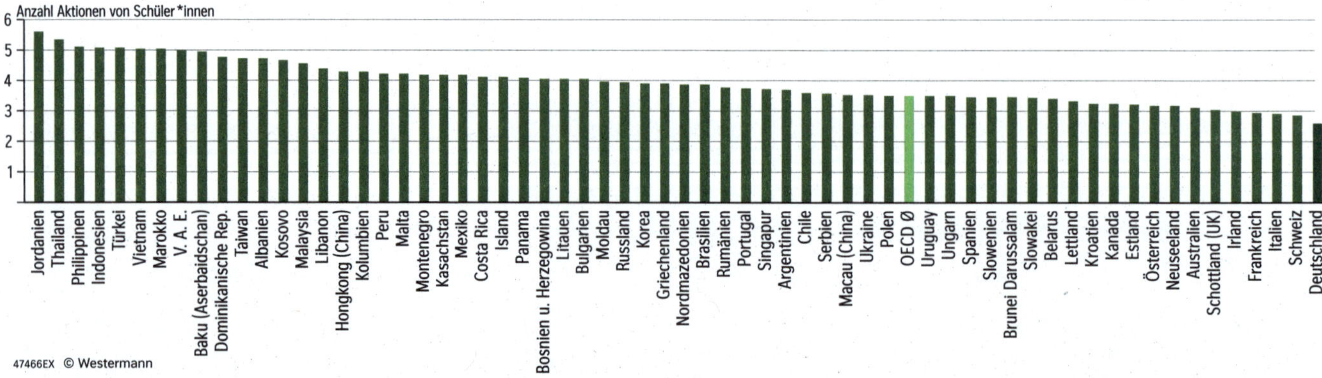

Wir entwickeln Ideen!

Was kann die Schule ändern?

Gebäude

- Photovoltaik auf Dächern
- Blumen und Pflanzen zum Luftfiltern
- Bienen auf Dächern ⇨ Bestäubung von Blumen/ Bäumen in der Nähe
- gut gedämmte Räume ⇨ Wärmespeicherung im Winter, geringerer Energieverbrauch und weniger Heizkosten
- Energiesparlampen/LED

Ausstattung

- Schulbusse ⇨ weniger Bringen und Abholen mit dem Auto
- regionales Essen in der Mensa
- digitale Bücher und Schreibzeug
- recyceltes Material für Möbel und für Kunstprojekte
- Recyclingpapier
- mit dem richtigen Schrifttyp beim Ausdrucken Tinte sparen

Weiteres

- Kinder über die Klimakrise informieren
- eigene Emissionen und Energieverbräuche berechnen

Wir schließen uns zusammen!

Schools for Earth
Unterstützt Schulen in Deutschland bei der Entwicklung mit dem Ziel Klimaneutralität

Klimaschutzstadt Kiel
Einreichung von Klimaschutzprojekten mit Preisgeld

Klimabilanzrechner
Erstellung der Klimabilanz deiner Schule

Sammeldrache
Sammlung von leeren Druckerpatronen

Schools For Future
Bildung an Schulen über die Klimakrise

#WirKLIMAHANDELN!

Was können die Schüler*innen ändern?

- Schulhefte und Malblöcke aus Recyclingpapier, Schnellhefter aus Pappe statt aus Kunststoff kaufen
- das Pausenbrot in eine Box packen, nicht in Alufolie
- die Beleuchtung im Klassenzimmer in der Pause ausschalten
- die Verschwendung von Wasser vermeiden
- mit dem Fahrrad zur Schule fahren
- mit der Suchmaschine Ecosia surfen
- Abfall vermeiden
- Heizung im Klassenraum runterdrehen
- im Winter kein Dauerlüften
- ...

13 MASSNAHMEN ZUM KLIMASCHUTZ · 14 LEBEN UNTER WASSER · 15 LEBEN AN LAND

SDG 13 – SDG 14 – SDG 15

Wir werden neugierig!

Artenvielfalt und Klimakrise hängen direkt miteinander zusammen. Dies wird bei dieser Kombination der Climate Stripes (Klimastreifen) oben und der Biodiversity Stripes (Biodiversitätsstreifen) unten gut sichtbar.

Biodiversity Stripes

Wir lernen dazu!

Viele Prozesse, welche die Klimakrise und das Artensterben betreffen, haben sich massiv beschleunigt.

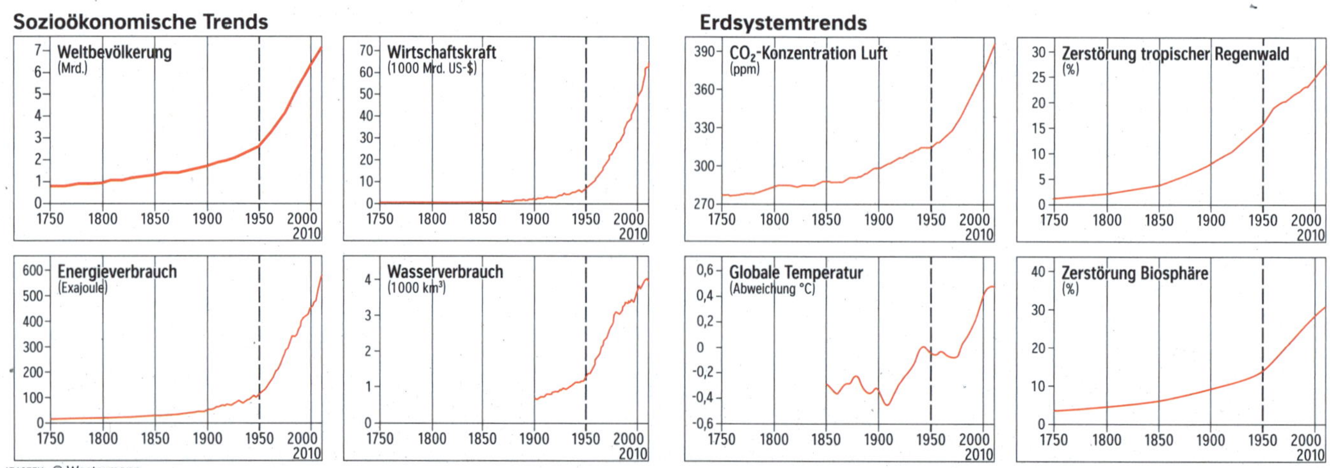

47467EX © Westermann

Quelle: Steffen et al. (2015): The trajectory of the Anthropocene: The great acceleration. S. 4, S. 7

Wir recherchieren!

COP15: Ein Meilenstein beim Artenschutz

Bei der COP15, der 15. Weltnaturkonferenz, beschlossen die Regierungsvertreter am 19.12.2022 in Montreal, dass ein Drittel der Land- und Meeresgebiete zukünftig unter Schutz gestellt werden soll und auf 500 Mrd. US-$ umweltschädliche Subventionen verzichtet wird.

Multimedialer Bericht der Deutschen Welle über die Erfolge der COP15 in Montreal

Wir entwickeln Ideen!

My Ocean Challenge – Entdecke die Welt mit dem Team Malizia von Boris Herrmann.

SDG 4 (Hochwertige Bildung), SDG 13 und SDG 14 – diese drei SDGs verbindet die Malizia My Ocean Challenge mit tollen Materialien: einem Educational Booklet, einem Quiz-Angebot, Erklärvideos und mehreren Spielen – und das alles in vielen Sprachen.

Wir schließen uns zusammen!

Es gibt viele Organisationen, die sich global bzw. international für die Artenvielfalt einsetzen. Oft ist es lohnend, die Ansprechperson vor Ort zu kontaktieren. Mögliche Ansprechpartner:

- WWF Deutschland – für Natur- und Artenschutz
- NABU – Naturschutzbund Deutschland e. V.
- Politiker*innen (u. a. Umweltministerium)
- Forschungseinrichtungen

#WirKLIMAHANDELN!

- Seedbombs basteln
- Bienen auf dem Schulgelände
- Anlegen einer Streuobstwiese
- ...

SDG 13 – SDG 5 – SDG 16

13 MASSNAHMEN ZUM KLIMASCHUTZ

5 GESCHLECHTER-GLEICHHEIT

16 FRIEDEN, GERECHTIGKEIT UND STARKE INSTITUTIONEN

Wir werden neugierig!

Dear Future Children – an die Kinder von morgen

Der Film „Dear Future Children" widmet sich drei jungen Frauen, die in Chile, Uganda und in Hongkong aktiv sind, um für ihre Zukunft zu kämpfen, für Klimaschutz, für eine gerechtere Welt, für ein Leben in demokratischer Freiheit und nicht in Diktatur. Hilda (Flavia Nakabuye) hat die Fridays for Future-Bewegung in Uganda mitgegründet, einem Land, in dem die Bauern immer häufiger unter extremen Dürren oder Starkregen zu leiden haben. Rayen und Pepper kämpfen in Chile bzw. Hongkong für mehr soziale Gerechtigkeit und Demokratie.

Der Regisseur Franz Böhm charakterisiert den Film wie folgt: „Dear Future Children will die ganze Energie, die Wut und den Einfallsreichtum der jungen Aktivisten einfangen, die sich übergangen fühlen, und die Art der Einflussnahme, die ihre Aktionen auf der ganzen Welt haben."

Trailer mit unter die Haut gehenden Stellungnahmen

Wir lernen dazu!

Naturkatastrophen unterscheiden nicht zwischen Männern und Frauen. Aber: Frauen sind gefährdeter!

Bei einer Katatstrophe sterben Frauen und Kinder 14-mal eher als Männer. Das liegt unter anderem daran, dass sie später gewarnt werden, seltener schwimmen können und sich auf der Flucht nicht nur um ihr Leben, sondern auch um das von Angehörigen kümmern.

Die Gleichstellung der Geschlechter zur Bewältigung der Klimakrise ist notwendig!

Die Anfälligkeit von Frauen wird durch die negativen Auswirkungen des Klimawandels noch verschärft, da der Klimawandel nicht geschlechtsneutral ist, sondern bereits seit langem bestehende geschlechtsspezifische Ungleichheiten sowie geschlechtsspezifische Gewalt noch verschärft. Frauen machen 70 % der Armen in der Welt aus und sind stärker von den natürlichen Ressourcen abhängig, die durch den Klimawandel am meisten gefährdet sind. […]

Dennoch ist die Beteiligung von Frauen an klimapolitischen Entscheidungsprozessen sowohl auf nationaler als auch auf internationaler Ebene begrenzt. Die unausgewogene Beteiligung von Frauen und Männern an Klimadiskussionen und -verhandlungen behindert die Entwicklung einer umfassenden und ganzheitlichen Antwort auf den sich anbahnenden Klimanotstand.

Quelle: Sacchetti, Irene: Gleichstellung der Geschlechter zur Bewältigung der Klimakrise. RIFS, Potsdam, 08.03.2022 (https://www.rifs-potsdam.de/de/blog/2022/03/gleichstellung-der-geschlechter-zur-bewaeltigung-der-klimakrise-ein-ueberblick-ueber)

Wir recherchieren!

Klima und Gender – UN WOMEN DEUTSCHLAND

DEUTSCHER FRAUENRAT – Broschüre: Klimagerechtigkeit jetzt! Ansätze für eine feministische Klimapolitik

Feministische Klimapolitik der Bundesregierung

Wir entwickeln Ideen!

Männer nutzen in ihren Alltagsroutinen sehr viel häufiger das Auto als Frauen. Frauen haben spezifische Anforderungen: Um ihre Wegezeiten z. B. zwischen Wohn-, Erwerbs- und Kinderbetreuungsorten zu organisieren, ist der Ausbau des ÖPNV und das Fahrradwegenetz sehr wichtig.

Wir schließen uns zusammen!

- Jugendorganisationen demokratischer Parteien
- Jugendorganisationen der Kirchen
- UN Women Deutschland
- bmz Jugendbeirat
- ...

#WirKLIMAHANDELN!

Männer können von Frauen lernen, denn Frauen
- haben einen kleineren CO_2-Fußabdruck
- fahren weniger Auto
- essen weniger Fleisch
- nutzen elektronische Geräte in geringerem Umfang als Männer.

Schreibt Briefe an Politiker*innen und fordert sie auf, sich für eine feministische Klimapolitik einzusetzen.

Wendet euch an den Jugendbeirat des Bundesministeriums für wirtschaftliche Zusammenarbeit und engagiert euch für Klima- und Entwicklungspartnerschaften, welche die Rolle der Frauen besonders berücksichtigen.
Die Klima- und Entwicklungspartnerschaften der Bundesregierung unterstützen Partnerländer bei der sozial-ökologischen und gendertransformativen Wende. Im Dialog mit zivilgesellschaftlichen Akteur*innen werden auch lokale Frauenorganisationen eingebunden.

Bildnachweis

|@ClimateJustus, Berlin: Design von @ClimateJustus 80.2. |Adelmann, David-Luc, Krefeld: 7.1, 49.1. |adelphi consult GmbH, Berlin: 60.2. |Alamy Stock Photo, Abingdon/Oxfordshire: Destefanis, Marco 17.8; Russell, Jayne 59.1. |Albert-Ludwigs-Universität Freiburg, Freiburg i. Br.: 60.4. |Böhm, Franz, Gerlingen: Dear Future Children 110.5. |Boris Herrmann Racing GmbH, Hamburg: Jens Böckmann / Team Malizia 109.4; Ricardo Pinto / Team Malizia 100.2. |BUNDjugend, Berlin: 97.2. |BürgerBegehren Klimaschutz e.V., Berlin: Unsere Empfehlungen für die deutsche Klimapolitik 15.3. |Camatta, Levi, Hamburg: 6.3. |Climate Central, Princeton, NJ: climatecentral.org 11.2. |Conedera, Gianni, Moers: 94.1. |CREACTIV für Klimagerechtigkeit, Hamburg: Creactiv 99.4; KinderKulturKarawane 2020 99.5. |de Blok, Marjan, Amsterdam: 17.1, 53.3. |Deutscher Frauenrat, Berlin: 111.3. |Domke, Franz-Josef, Wunstorf: 95.2, 96.2. |Drees + Riggers, Münster: (c) Agentur für kommunalen Klimaschutz am Deutschen Institut für Urbanistik 60.3. |Eurostat - Statistisches Amt der Europäischen Union, Luxemburg: 18.4. |FLMH / Labor für Politik und Kommunikation, Berlin: 79.2. |Fridays for Future, Rendsburg: 81.2. |Fridays for Future Austria: Kragler, Julian 99.2. |Gabbert, Baro Vicenta Ra, Berlin: Ziemen, Florian 17.7, 84.4. |GEOMAR Helmholtz-Zentrum für Ozeanforschung Kiel, Kiel: Andreas Villwock, GEOMAR 12.1. |Getty Images, München: Campbell, William 88.3; FilmMagic/Axelle/Bauer-Griffin 19.2, 104.1; Redferns 2.3. |Getty Images (RF), München: Harvey, Martin 54.3. |GORDON WELTERS photographer, Kuhhorst: 88.2. |Hawkins, Ed, Reading: 12.2, 25.2. |Hertie School of Governance GmbH, Berlin: 72.2, 72.3. |https://wasser-fuer-kenia.de, Wolfsburg: 99.6. |Imago Editorial, Berlin: ecomedia/robert fishman 61.1; Elmenthaler, Bernd 17.4, 63.1; Future Image 78.3; ZUMA Press 109.2. |Instagram: 15.2. |iStockphoto.com, Calgary: blueringmedia 24.2; francescoch 14.2. |Junker, Stefan, Preetz: 3.3, 58.2. |Klasen, Jeremias, Göttingen: 73.5. |Klimaschutz- und Energieagentur Niedersachsen GmbH, Hannover: „Klimaneutrale Schule" in Niedersachsen 99.3. |KLIMA° vor acht e.V., Hamburg: 82.2. |Kling, Maren, Berlin: Frederick Vidal 5.6. |Krieger, Ben, Kiel: 82.3. |Landesinstitut für Lehrerbildung und Schulentwicklung (LI) - Projekt Klimaschutz an Schulen, Hamburg: Markus Scholz/LI 73.1. |Lensing, Johann, Düsseldorf: 35.4. |makesense.org: 25.1. |OpenStreetMap - www.openstreetmap.org/copyright: 59.2. |Oßwald, Louis, Wismar: 50.1. |Perspective Daily UG, Münster: 79.3. |Picture-Alliance GmbH, Frankfurt a.M.: AA/Gunes, Celal 17.9, 92.3; AA/Kaya, Nuran Erkul 69.2; AP/Drew, Richard 17.5, 75.3; dpa/Gambarini, Federico 17.6, 76.2; dpa/Matzka, Gerald 17.10, 93.2; dpa/MAXPPP/Bonniere, Pascal 17.3, 66.1; dpa/Sommer, Fabian 8.1; dpa/Wendt, Georg 14.1; Geisler-Fotopress/Elmenthaler, Bernd 20.2; newscom/Hutchins, Kathy 17.2, 54.2; photothek/Koehler, Thomas 19.1, 101.1; Zoonar.com/Stoiber, Thomas 67.1. |Potsdam-Institut für Klimafolgenforschung (PIK) e.V., Potsdam: https://www.pik-potsdam.de/de/aktuelles/nachrichten/facebook-startet-klima-informationszentrum-mit-wissenschaftlichen-beitraegen-des-pik 79.4. |Schaper, Oliver, Dortmund: 71.1. |Schenke, Leon, Frankfurt am Main: 1.1, 1.3, 1.4, 2.1, 2.2, 3.2, 4.2, 4.3, 4.4, 4.5, 4.6, 5.1, 5.2, 5.3, 5.4, 5.5, 6.1, 6.2, 7.2, 7.3, 7.4, 9.1, 9.2, 9.3, 9.4, 10.1, 11.1, 16.1, 18.1, 18.3, 19.3, 20.1, 20.3, 26.1, 27.1, 28.2, 28.3, 28.4, 28.5, 28.6, 28.7, 28.8, 28.9, 28.10, 29.1, 29.2, 29.3, 29.4, 29.5, 29.6, 29.7, 29.8, 29.9, 30.1, 30.2, 30.3, 31.1, 31.2, 31.3, 32.1, 33.1, 34.1, 34.2, 35.1, 35.2, 35.3, 39.1, 39.2, 39.3, 39.4, 39.5, 40.1, 41.1, 41.2, 41.3, 41.4, 41.5, 41.6, 41.7, 42.1, 43.1, 44.1, 44.2, 44.3, 45.1, 45.2, 45.3, 45.4, 51.1, 52.1, 52.2, 52.3, 53.1, 53.2, 54.1, 55.1, 56.1, 57.1, 60.1, 61.2, 62.1, 62.2, 62.3, 63.2, 66.2, 67.2, 67.3, 68.1, 69.1, 70.1, 70.2, 72.1, 73.2, 73.4, 74.1, 74.2, 74.3, 74.4, 75.1, 75.2, 76.1, 78.1, 78.2, 78.4, 78.5, 78.6, 78.7, 78.8, 78.9, 78.10, 78.11, 78.12, 78.13, 78.14, 78.15, 79.1, 80.1, 81.1, 82.1, 83.1, 83.2, 83.3, 84.1, 84.2, 84.3, 87.1, 88.1, 89.1, 90.1, 90.2, 91.1, 91.2, 91.3, 91.4, 92.1, 92.2, 93.1, 95.1, 96.1, 97.1, 98.1, 99.1, 100.1, 101.2, 106.3, 106.4, 106.5, 107.1, 107.2, 107.3, 108.4, 108.6, 109.1, 109.3, 109.5, 109.6, 110.4, 110.6, 111.1, 111.4, 111.5, 111.6; Entwurf Theresia Crone 24.1. |Schulze, Patrick, Bremen: 32.3. |Schweizer, Clara, Nürtingen: 48.1. |Shutterstock.com, New York: Elle Aon 26.2; Mecnarowski, Martin 73.3; mhatzapa 38.1; Oeian, Liv 90.3; penofoto 18.2; Sk Hasan Ali 110.7; spwidoff 58.1; VectorArtist7 32.2. |Solare Zukunft e.V, Freiburg: 80.3. |Spotify GmbH, Berlin: 15.1. |stock.adobe.com, Dublin: Bertrand, Martin 61.4; Tjeerd 61.3. |Ullstein Buchverlage GmbH, Berlin: Göpel, Maja: Wir können auch anders 103.1. |UN Women Deutschland e.V., Bonn: 111.2. |United Nations, New York, NY: https://www.un.org/sustainabledevelopment/ "The content of this publication has not been approved by the United Nations and does not reflect the views of the United Nations or its officials or Member States" Titel, 1.2, 3.1, 16.2, 28.1, 106.1, 106.2, 108.1, 108.2, 108.3, 110.1, 110.2, 110.3. |VvE Schoonschip, Amsterdam: Nabuurs, Isabel 53.4. |Wenzel, Christine, Witten: 4.1. |Wuppertal Institut für Klima, Umwelt, Energie gGmbH, Wuppertal: Hübner, Jan-Ole 82.4, 82.5. |ZSL London Zoo, London: Miles Richardson 108.5. |© SWR, Stuttgart: 102.1.

The content of this publication has not been approved by the United Nations and does not reflect the views of the United Nations or ist officials or Member States. https://www.un.org/sustainabledevelopment

Druck A[1] / Jahr 2024
Alle Drucke der Serie A sind im Unterricht parallel verwendbar.

Die Seiten dieses Produkts bestehen zu 100 % aus Altpapier.
Damit tragen wir dazu bei, dass Wald geschützt wird, Ressourcen geschont werden und der Einsatz von Chemikalien reduziert wird. Die Produktion eines Klassensatzes unserer Arbeitshefte aus reinem Altpapier spart durchschnittlich 12 Kilogramm Holz und 178 Liter Wasser, sie vermeidet 7 Kilogramm Abfall und reduziert den Ausstoß von Kohlenstoffdioxid im Vergleich zu einem Klassensatz aus Frischfaserpapier. Unser Recyclingpapier ist nach den Richtlinien des Blauen Engels zertifiziert.

Redaktion: Christine Wenzel
Umschlaggestaltung: LIO Design GmbH, Braunschweig in Anlehnung an einen Entwurf von Studio Grau, Berlin
Layout und Satz: Leon Schenke – SCHENKE Print- und Onlinedesign, Frankfurt am Main
Druck und Bindung: Westermann Druck GmbH, Georg-Westermann-Allee 66, 38104 Braunschweig

ISBN 978-3-14-**100918**-7